Müller · Die Ehre Gottes ist der lebendige Mensch

Wunibald Müller

DIE EHRE GOTTES
IST DER LEBENDIGE MENSCH

Selbstverwirklichung als Menschwerdung

Matthias-Grünewald-Verlag · Mainz

Hermann Stenger zum 75. Geburtstag gewidmet

 Der Matthias-Grünewald-Verlag ist Mitglied
der Verlagsgruppe engagement

2. Auflage 1996

© 1995 Matthias-Grünewald-Verlag, Mainz

Umschlag: Heinz Kirsch und Kristine Buckel, Wiesbaden
Abbildung: Ernst Alt, Franziskus. Spielmann Gottes
Satz: Textservice Zink, Epfenbach
Druck und Bindung: Wagner, Nördlingen

ISBN 3-7867-1822-9

INHALT

Das erste Mal bin ich der Aussage: „Die Ehre Gottes ist der lebendige Mensch" bei Irenäus von Lyon begegnet. Einige Jahre später vernahm ich ähnliche Worte beim Mittagsgebet der Benediktinermönche von Münsterschwarzach. In einem Text von Baruch (2,17f.) heißt es: „Nicht die Toten in der Unterwelt, deren Geist aus ihrem Leben gewichen ist, rühmen die Herrlichkeit und Gerechtigkeit des Herrn; sondern die leben und sehr betrübt, gebeugt und schwach sind mit ausgeweinten Augen und hungriger Seele, die rühmen, Herr, Deine Herrlichkeit und Gerechtigkeit."

Es gibt wenige Texte, die mich als Theologen und Psychotherapeuten so sehr angesprochen haben wie diese Worte. So, als ob darin so etwas wie eine Zusammenfassung auch meines Strebens und Tuns als Psychotherapeut zum Ausdruck kommt. In diesen Worten kommen für mich auch andere wichtige und mich sehr ansprechende Erkenntnisse und Erfahrungen zum Ausdruck, so die Auffassung von Sigmund Freud, daß das Ziel der Psychotherapie die Befreiung und Vollendung des eigenen Wesens einer Person ist. Oder die Überzeugung von Thomas Merton, der meint: Heiligkeit bedeutet, der zu werden, der zu werden ich berufen und bestimmt bin, und wer nicht er selbst wird, hat nicht gelebt.

Die folgenden Texte sind vornehmlich als Assoziationen und Variationen des Grundthemas: „Die Ehre Gottes ist der lebendige Mensch" zu verstehen. Es sind Texte, die aus meiner Arbeit als Psychotherapeut vornehmlich für Priester und Ordensleute, der Auseinandersetzung mit mir selbst und morgendlichen Betrachtungen erwachsen sind. Sie wenden sich vor allem an Priester, Seelsorger, Seelsorgerinnen und Ordensleute, dürften aber auch – so hoffe ich – andere Menschen ansprechen, die an ihrem psychischen und spirituellen Wachstum interessiert sind.

Ich widme dieses Buch vor allem Hermann Stenger, der in diesem Jahr 75 Jahre alt wird. Er zählt zu den Pastoralpsychologen, die mich am stärksten geprägt haben. Ich betrachte es daher als ein Geschenk, daß wir inzwischen nicht nur Kollegen, sondern fast Freunde füreinander geworden sind.

Ich widme diese Texte weiter den Mönchen der Abtei Münsterschwarzach, denen ich nicht zuletzt durch meine Tätigkeit im Recollectio-Haus verbunden bin, den Benediktinerinnen des Klosters Dinklage, bei denen ich einige Zeit als Gast weilen durfte und den Barmherzigen Schwestern vom heiligen Kreuz in Hegne mit ihrer Oberin Schwester Maria Theresia Schwörer, die in diesem Jahr das 100jährige Bestehen ihrer Provinz feiern.

Meiner Frau Ilse Katharina danke ich für wichtige stilistische und inhaltliche Anregungen, Frau Maria Melber für ihre gründliche Arbeit bei der computergerechten Erfassung des Manuskriptes.

Wunibald Müller

PROLOG

In der Folterkammer der Festung Hohenwerfen im Salzburger Land gibt es ein sogenanntes Richtkreuz. Seit ich dieses Folterinstrument gesehen habe, geht es mir nicht mehr aus dem Sinn.

Der zu Folternde mußte sich mit dem Kopf zur Wand auf einen Holzbalken stellen. Handschellen, die mit Ketten verbunden zu einem Eisenkreuz führen, das über der Kopfhöhe angebracht ist, zwingen dazu, daß der so Befestigte ständig gestreckt, leicht nach hinten fallend den Blick auf das Kreuz richten muß – will er verhindern, daß er sich an dem auf Brust- und Bauchhöhe angebrachten, mit scharfen Eisenspitzen versehenen, rautenförmigen Eisengitter den Leib aufreißt. Schwinden seine Kräfte, ist dies unausweichlich sein Los.

Das Richtkreuz – ist das nicht auch ein Bild, so schrecklich der Vergleich ist, für die seelische und spirituelle Situation vieler Seelsorger und Seelsorgerinnen, Priester und Ordensleute von heute? Da stehen sie, versuchen unter großen Mühen sich aufrecht zu halten, den Blick auf das Kreuz gerichtet. Dabei fühlen sie sich so eingeengt, festgelegt, so, wie wenn ihnen die Hände gebunden wären, mitunter festgebunden an Handschellen. Irgendwann können sie das nicht länger aushalten: ihren Blick auf's Kreuz unter diesen Bedingungen! Sie brechen zusammen. Die scharfen Eisenspitzen dringen in ihre Seele, reißen sie auf. Und da liegen sie geknickt, ohnmächtig vor Schmerzen und Qualen und verbluten innerlich.

Dabei müßte sie doch der Blick auf's Kreuz frei machen. Er müßte ihnen eine kaum überbietbare Bewegungsfreiheit ermöglichen. Er müßte sie weiter machen. Ihr Blick auf das Kreuz müßte sich treffen mit dem Blick des Gekreuzigten. Und dessen Blick müßte sie anziehen, weil es sie danach verlangt, in Seine Nähe zu kommen. Wenn sie fallen, weil sie die Kraft verläßt, müßte Er sie wieder aufrichten, müßten von Ihm Mut und Zuversicht ausgehen, weiterzugehen, müßten sie neue Kraft tanken können.

1. KAPITEL

URSACHEN FÜR SEELISCHES LEID UNTER
PRIESTERN, SEELSORGERN UND ORDENSLEUTEN

1. DIE WURZELN FINDEN NUR MÜHSAM DEN ZUGANG ZUR QUELLE

Was, so frage ich mich, ist der tiefste Grund für so viel seelisches
Leid unter Seelsorgern und Seelsorgerinnen, unter Priestern und
Ordensleuten? Gibt es etwas, das sie gerade auch darin verbindet?
Gibt es eine Wunde, die sie miteinander teilen? Hier meine ich zu
spüren, daß eine mitunter sträfliche Vernachlässigung der menschlichen Situation, ein zermürbender Kampf zwischen Ideal und
Wirklichkeit, zwischen Lebenstrieb und Todestrieb, das Leben zölibatär lebender Menschen in Spannung hält – oft zu ihrem Schaden.
„Wir sind Pflanzen, die – wir mögen's uns gerne gestehen oder nicht
– mit den Wurzeln aus der Erde steigen müssen, um im Äther blühen
und Früchte tragen zu können", zitiert Martin Heidegger den Dichter Johann Peter Hebel. Und Henry David Thoreau meint: „Es zieht
uns zu dem ewigen Quell, aus dem unser Leben entsprungen ist …
so steht die Weide bei dem Wasser, und dorthin sendet sie ihre
Wurzeln." Die Verbundenheit mit der Erde, mit dem Mutter-Boden,
das ist es, was vielen Priestern und Ordensleuten fehlt. Sie sind nicht
länger in Verbindung mit ihrer Quelle. Ihre Wurzeln sind nicht tief
genug in der Erde verzweigt, bieten ihnen nicht genügend Stand
und Halt. Das natürliche Drängen in ihnen, das die Nähe der Quelle
sucht, die Energiezufuhr garantiert, übergehen sie. Nein, sie sind
dann nicht wie ein Baum, gepflanzt an den Wasserbächen, der seine

Frucht bringt zur rechten Zeit. Ihre Blätter verwelken, und was sie tun, gerät nicht wohl (vgl. Ps 1).

Wie ausgezehrt und verunstaltet sind doch die Wurzeln vieler Seelsorger, Seelsorgerinnen und Ordensleute. Ihre Wurzeln finden nur mühsam den Weg zur Quelle. Sie können daher auch nicht angemessen den Baum versorgen, der gerade so überlebt, nicht aber wirklich lebt und daher auch keine Lebendigkeit ausstrahlt. Was eigentlich in ihm steckt, was er an Stärke, Größe, Ausdehnung und vor allem an Pracht und Schönheit entfalten könnte, bringt er nicht zum Ausdruck. Die Folge ist: Diejenigen, die in besonderer Weise ein Leben für Gott und die Menschen leben wollen, die noch einmal bewußter und akzentuierter in seine Nachfolge treten wollen, darin aber auch in besonderer Weise etwas von ihm selbst verkörpern wollen, scheitern. Sie scheitern, weil sie die Grundlagen für ihren Dienst, für ihr Dasein für andere, ihr Nahesein bei Gott vernachlässigen oder meinen übergehen zu können. Sie sind nicht länger in Berührung mit ihrem Menschsein, mit dem, was es zu beachten, worauf es zu hören gilt, was es zu hegen und zu pflegen gilt, um den menschlichen Gegebenheiten, ihrer menschlichen Situation gerecht zu werden, diese zu würdigen und zu entfalten. Wer das aber auf Dauer nicht tut oder vernachlässigt, läuft Gefahr auszubrennen.

2. Der Weg ins Burn-Out: Von der Zeit der ersten Liebe zur Apathie

Die Entwicklung hin zum Ausbrennen verläuft in der Regel über folgende Stufen: Am Anfang steht die Zeit der ersten Liebe. Es ist eine Zeit, in der man in der Regel viele unrealistische Erwartungen hat. Man ist überzeugt davon, viele Dinge, die im argen liegen, die unvollkommen sind, anders machen und ändern zu können. Es ist eine Zeit, in der man sehr davon abhängig ist, daß das, was man tut, von den anderen geschätzt wird. All das trägt mit dazu bei, daß die

Arbeit und der Dienst immer mehr Platz einnehmen, die freie Zeit dafür immer weniger. Die persönlichen und spirituellen Interessen werden vernachlässigt, mit der Folge, daß sich der persönliche innere Zustand immer mehr verschlechtert. Man geht ganz auf in der Seelsorge, verbraucht seine Energie, ohne zu schauen, wie die verbrauchte Energie wieder ersetzt werden kann.

Das führt mit der Zeit zum Zustand der Erschöpfung. Die Erschöpfung zeigt sich zunächst in einem vagen Gefühl von Verlust. Der einst begeisterte Seelsorger vermißt immer mehr freie Zeit oder den Austausch mit Freunden. Er wird zunehmend unzufrieden mit der kleinen Welt, in der er sich wie eingesperrt fühlt. Während er früher vielen unterschiedlichen persönlichen Interessen nachging, geht er jetzt sozusagen auf in der Arbeit. Erschöpft wie er ist, findet er aber keine Zeit mehr und verfügt nicht über die notwendige Energie und den notwendigen Schwung, andere wichtige Unternehmungen und Beziehungen zu initiieren oder aufrechtzuerhalten. So wird er immer unzufriedener mit seiner Arbeit, und seine Ausstrahlung in die Gemeinde läßt nach. Entscheidungen werden vertagt, seine Kreativität nimmt ab, Zynismus macht sich breit. Schlaflosigkeit oder frühes Erwachen am Morgen sind typische Zeichen für diese Phase im Prozeß des Ausgebranntseins. Der Gebrauch von Nikotin, Alkohol, Beruhigungsmitteln nimmt zu. Es kann auch die Zeit sein, in der in besonderer Weise sexuelle Beziehungen gesucht werden oder auch tiefe, intime Beziehungen entstehen, da man sich durch sie – wenigstens für einige Zeit – einen Ausbruch aus der engen Welt erhofft. Oder man glaubt, durch sie das Verlangen nach Ruhe, Geborgenheit, Anerkennung und Fürsorge stillen zu können.

Wenn das ohne Korrektur so weiter läuft, nehmen die innere Leere und die Selbstzweifel zu. Es kommt zur Entwicklung chronischer Symptome. Mancher Seelsorger erlebt sich jetzt wie jemand, der geschlagen und vernichtet worden ist, der nicht mehr geschätzt wird. Ärger staut sich auf. Andere Seelsorger verfallen in Selbstmitleid. Die Frustration einer solchen Zeit zeigt sich auch in psychosomatischen Erkrankungen, in zuviel Essen, sowie in Tabletten- und Drogenabhängigkeit. Der betreffende Seelsorger zieht sich noch mehr von persönlichen Beziehungen, gemeinschaftlichen und gesellschaftlichen Verpflichtungen zurück, mit dem Ergebnis, daß er sich zunehmend als isoliert erlebt. Rückenschmerzen, Kopfweh und andere Beschwerden, die mit Spannungen verbunden sind, tauchen verstärkt auf. In dieser Phase geraten nicht wenige Seelsorger und Seelsorgerinnen gleichsam als Flucht in einen Aktivismus. Andere sehen keinen anderen Ausweg, als ihrem seelsorglichen Dienst ade zu sagen.

In der nächsten Phase, der sogenannten Krise, verfallen diese Seelsorger in einen Pessimismus, der sie alles schwarz und aussichtslos erleben läßt. Der Dienst erscheint ihnen sinnlos, einen Ausweg aus dieser Sinnlosigkeit sehen sie nicht. Schließlich, als letzte Stufe, geht der Pessimismus über in Apathie. Der Dienst wird zur Routine, zu einem bloßen äußerlichen Vollzug, bei dem das Herz nicht mehr beteiligt ist. Das Interesse an jeglichen Aktivitäten und auch persönlichem Ausleben von Wünschen und Sehnsüchten ist verschwunden.

Der ausgebrannte Seelsorger hört sich unwillig die notleidenden Menschen an, hört und spürt nicht länger die bedrängte und bekümmerte Seele. Er predigt, aber was er predigt, ist trocken und steril. Die Menschen hören seine Worte, aber erkennen, daß er als Person nicht anwesend ist. Wenn das Telefon klingelt, fühlt sich der ausgebrannte Seelsorger gestört und hofft, daß irgendein anderer den Hörer für ihn abnimmt und wenn möglich auch die sich daraus ergebende Arbeit. Er findet viele Entschuldigungen, um die verschiedenen anfallenden Treffen und Entscheidungen in der Gemeinde nicht vornehmen oder wahrnehmen zu müssen, da er nicht länger bereit und auch nicht länger in der Lage dazu ist, etwas von sich zu geben, gar sich selbst mitzuteilen.

3. Ständig Mehr Geben Als Eigentlich Haben

Seelsorger, die besonders anfällig sind für chronischen Streß und das damit einhergehende Ausgebranntsein, zeigen vielfach folgende charakteristische Verhaltensweisen:

Sie sind geprägt von Idealismus und Überverantwortung; zeigen ein besonders hohes Bedürfnis, erfolgreich zu sein; haben ein starkes Bedürfnis nach Bestätigung durch andere; kennen eine große Anfälligkeit gegenüber überzogenen Erwartungen anderer; neigen zu starken Schuldgefühlen, wenn sie ihre eigenen Bedürfnisse befriedigen; legen ein hektisches und ungeduldiges Verhalten an den Tag und kennen bei sich ein perfektionistisches Streben, das immer wieder die Erfahrung mit sich bringt, das Erstrebte nicht zu erreichen (vgl. Sperry, 1991, 21ff.).

Die Bereitschaft, anderen zu helfen, für sie dazusein, ist zunächst eine Voraussetzung für helfende Berufe und immer ein besonderes Kennzeichen für eine seelsorgliche Tätigkeit. Die Bereitschaft, anderen zu helfen, kann dann zum Problem werden, wenn dahinter eine ungesunde Einstellung sich selbst gegenüber steht. Das heißt, wenn die Bereitschaft, sich um sich selbst zu kümmern, im Vergleich zu der Bereitschaft, für andere dazusein, so gering ist, daß sie nicht ein entsprechendes Gegengewicht dazu darstellt. In diesem Fall läuft der Betreffende Gefahr, sich in einem Umfang zu verausgaben, der von dem, was er wirklich hat, auf Dauer nicht abgedeckt werden kann.

Wenn ich ständig mehr gebe als ich eigentlich habe, unterhöhle ich mein Fundament, bis dahin, daß ich Raubbau an mir selbst betreibe. Dann beginnt der Erosionsprozeß und der Versuch, auf schädliche Weise die Unausgeglichenheit zu beheben. Ich baue am Haus anderer Menschen, helfe ihnen, es sich einzurichten, es wohnlich zu gestalten, während mein eigenes Haus darüber vernachläßigt wird, zunehmend vergammelt und unwohnlich wird. Da aber mein Haus unwohnlich wird, suche ich anderswo ein Zuhause, hole ich meine

Befriedigung über die anderen, meinem Einsatz für sie. Oder aber, da ich mich, mein Zuhause nicht für schön, wohnlich, gemütlich, angenehm erachte, meine ich viel für andere tun zu müssen, bedarf ich in einem besonderen Ausmaß der Anerkennung durch andere. Da ich aber meine Anerkennung durch meine Arbeit beziehe, wird diese Seite in mir, die die Anerkennung braucht, zunehmend über den Umweg der Arbeit befriedigt. Es verändert sich dadurch nichts an meinem Haus, an meinem Fundament. Mein Haus wird dadurch nicht wohnlicher, im Gegenteil. Da die Arbeit zur Quelle der Anerkennung, des Sich-Wohl-Befindens wird, wird das eigene Haus noch mehr ausgebeutet.

Männer und Frauen, die als Seelsorger zum Perfektionismus tendieren, teilen miteinander den Glauben an folgende drei A's: allmächtig zu sein, allwissend zu sein und allgegenwärtig zu sein. Das heißt, sie verhalten sich so, als müßten sie für alles verantwortlich sein, und es ist für sie schwierig, Verantwortung und Entscheidungen mit anderen zu teilen (allmächtig). Weiter meinen sie, daß sie in allen Bereichen kompetent sein müssen, alles wissen müssen, was ihre Arbeit angeht (allwissend). Schließlich glauben sie, daß sie für die, für die sie da sind, 24 Stunden am Tag zur Verfügung stehen müssen (allgegenwärtig), das heißt also ihnen keine Zeit für Ruhe und Erholung zur Verfügung steht. Es ist nicht erstaunlich, daß gerade bei dieser Gruppe Angst, Depression, Schuldgefühle, Selbstzweifel, chronische Frustration besonders häufig auftretende Symptome sind (vgl. Sperry, 1991, 21ff.).

4. EIN BESCHÄDIGTES SELBSTWERTGEFÜHL

Nicht wenigen Priestern, Seelsorgern, Seelsorgerinnen und Ordensleuten geht eine positive Beziehung zu sich selbst, die Annahme ihrer selbst und die Sorge um sie selbst ab. Einmal mehr, mal weniger stark beeinträchtigtes Selbstwertgefühl ist bei vielen Seelsorgern und

Seelsorgerinnen, Priestern und Ordensleuten ein möglicher tieferer Grund dafür. Wenn das Selbstwertgefühl aber im argen liegt, dann ist das vergleichbar mit jenen Erfahrungen und Verhaltensweisen, die sich einstellen, wenn etwas verkrüppelt ist, etwas nicht entsprechend der eigentlich vorhandenen Anlage sich entwickeln und entfalten kann. Freilich kommt hinzu, daß es sich dabei um eine Verkrüppelung handelt, die nicht sichtbar ist, die ich nicht anfassen kann. Das ist ja das Fatale: Nach außen hin mag ich als voll ausgewachsen, total funktionierend, ja als überreich bedacht mit Erfolg und Talenten ausgestattet erscheinen. Doch in mir sieht es ganz anders aus. Der Erfolg, meine Begabungen, die Zufriedenheit darüber vermögen mich letztlich nicht zu berühren oder nur beschränkt, eben verkrüppelt, verkürzt. Ich vermag nicht meinen Erfolg, meine Gaben, überhaupt mich selbst als Menschen wertzuschätzen und die Wertschätzung der anderen zuzulassen. Ja, ich vermag, wie es Paul Tillich sagt, die Annahme der anderen nicht anzunehmen. Auch reagiere ich aus der Haltung des angeknacksten Selbstwertgefühls heraus auf andere. Ich fühle mich in Frage gestellt, wo mich andere gar nicht in Frage stellen. Ich fühle mich herabgewürdigt und nicht anerkannt, wo es anderen fern ist, mir das zu vermitteln. Ich erlebe mich als von Gott gemieden, obwohl er nie aufgehört hat, mir seine Liebe und bedingungslose Annahme zu schenken.

So meine ich auch viel tun zu müssen und immer und immer wieder noch etwas an Titeln, Ehrerweisungen usw. drauflegen und anhängen zu müssen, während eine Person, die den Schatz der Bejahung ihrer selbst in sich spürt, all das vielleicht auch hat, doch nicht braucht, um sich gut, angenommen, bejaht zu fühlen. Sie muß damit nicht etwas Verkrüppeltes ersetzen, einpacken oder gar verstecken. Sie ist einfach, bedarf keines Make-up. Sie kann zeigen, was ist: Nicht etwas, das man sehen oder anfassen kann, sondern etwas, das sie spürt, tief in sich erfährt und andere in der Begegnung und Auseinandersetzung mit ihr spüren und erfahren. Es ist der Schatz, den sie in sich birgt und um den sie weiß, in dem Sinne, daß sie sich seiner gewiß ist. Sie verhält sich wie eine, die sich ihrer Kostbarkeit und Einmaligkeit bewußt ist, ohne jemals den Schatz gesehen oder angefaßt zu haben. Auch hat sie gar nicht das Bedürfnis diesen Schatz zu bergen. Er ist tief in ihr versunken und wirkt aus dieser Tiefe heraus, durchwirkt sie und wirkt durch sie nach außen.

Auch jener, der diese Erfahrung in sich nicht verspürt, der meint, an dieser Stelle ein Loch zu haben, aus dessen Tiefe sich nicht das Gefühl, die Ahnung, das Gespür von Getragensein, von Eingebundensein, von Wertvoll- und Liebenswertsein, meldet, ist nicht minder wertvoll und liebenswert als jene, die das in sich erfährt. Er erlebt sich aber als nicht liebenswert, als nicht wertvoll. Er spürt, daß etwas fehlt, an dem er sich orientieren, er seinen Wert „festmachen" kann. Selbst, wenn das da ist, spürt er es nicht.

5. „ICH BEGANN ZU ENTDECKEN, WIE VERWUNDBAR
   UND GEBROCHEN ICH WAR"

Den schmerzlichen Weg weg von einer Seelsorge, bei der ich meine, nur für andere dasein zu müssen, hin zur Erfahrung, daß auch der Seelsorger der Sorge anderer bedarf, schildert ein Priester und Seelsorger mit den Worten:

„Diese Zeit war sehr schwierig in meinem Leben, denn ich mußte dem Geheimnis, allein zu sein, begegnen. In dieser neuen Zeit und in diesem neuen Raum mußte ich mich den auftauchenden Einsichten stellen, die mir unter Schmerzen deutlich machten, wie sehr sich mein Leben darum gruppierte, für andere dazusein. Ich begann ein Gefühl dafür zu entwickeln, daß die letzte Person, um die ich mich in meiner Pfarrei kümmerte, ich selbst war. Ich kam zur Erkenntnis, daß ich nicht allein in der Lage bin, mich um mich zu kümmern. So war ich mehr und mehr bereit, das Risiko auf mich zu nehmen,

loszulassen und andere an meinem Leben teilhaben und sich um mich sorgen zu lassen. Mir wurde mehr und mehr bewußt, daß ich nicht in einer aufrechten Weise für andere sorgen kann, wenn ich nicht offen dafür bin, daß andere sich auch um mich sorgen. Andere riefen mich zurück zu meinem wirklichen Selbst. Indem ich es zuließ, daß andere sich um mich sorgten, wuchs in mir ein tieferes Selbstwertgefühl. Die Erfahrung, daß sich andere wirklich um mich kümmern, half mir, damit zu beginnen, mich ehrlicher und wohlwollender um mich selbst zu kümmern. Indem ich andere immer mehr und stärker an meinem Leben teilhaben ließ, akzeptierte ich, daß ich nicht perfekt war; ja, ich begann zu entdecken, wie verwundbar und gebrochen ich war. Diese Erkenntnis war zunächst nicht angenehm. Doch zunehmend spürte ich auch, daß es für sie in Ordnung war, daß ich schwach war. Diese Erfahrung war eine sehr eigene für einen Priester, der daraufhin erzogen worden war, daß der Priester perfekt ist und immer stark sein muß. Ich bin überzeugt, daß es früher immer Leute gab, die bereit waren, sich um mich zu kümmern. Ich bezweifle aber, daß ich ihnen jemals die Chance dazu gab. Ich erkenne, daß ich das größte Hindernis war, das sie davon abhielt, sich um mich zu kümmern. Ich war innerlich zu gegenüber meinen Mitbrüdern, meinen Pfarrangehörigen, ja selbst gegenüber meinen Freunden und meiner Familie. Ich lebte mit der Illusion, daß der Priester nur dazu da ist, sich für andere zu sorgen. Mein ständiges Bemühen um andere war in einer gewissen Weise auch ein Hindernis für andere, sich stärker um mich zu kümmern. Ich dachte den anderen gegenüber offen zu sein, aber auf einer tieferen Ebene hatte ich mich gegenüber dem Geheimnis persönlicher Fürsorge verschlossen, einer Fürsorge, die neben mir existierte und einfach darauf wartete, für mich als ein Geschenk zur Verfügung zu stehen."

Die dazu da sind, Glauben zu vermitteln, glauben nicht mehr

Noch mehr als die bisher genannten Gründe mag der spirituelle Notstand vieler Priester und Ordensleute sich entsprechend negativ auf ihre seelische Situation auswirken. Es mag für manchen schockierend klingen, aber es ist im Leben nicht weniger Seelsorger, Seelsorgerinnen und Ordensleuten Wirklichkeit: Sie, deren Auftrag es ist, Glauben zu vermitteln, die Botschaft von Gott, von Jesus Christus weiterzuerzählen, seinen Tod und seine Auferstehung zu feiern, glauben nicht mehr. Sie sprechen nach wie vor von Gott, gedenken feierlich Jesu Tod und seiner Auferstehung, doch der innere Bezug dazu fehlt, ist ihnen verlorengegangen. Und dennoch machen sie weiter, vollziehen sie nach außen hin alles wie bisher. Sie tun ihren Dienst. Was ihnen fehlt, ist der Glaube. Der Glaube an Gott, der Glaube daran, daß es Gott gibt und daß Gott für uns, für ihn, für sie da ist.

Wenn man sich in die innere Situation dieses Menschen versetzt, kann einem der Atem ins Stocken geraten, und es dürfte nicht schwer fallen, sich in die seelische Not einzufühlen, der dieser Mensch ausgesetzt ist. Da bin ich, berufen – wie ich vielleicht dachte – und beauftragt, anderen den Glauben zu verkünden, und vermag selbst nicht zu glauben, spüre in mir, daß ich nicht (länger) glauben kann, nicht länger das Vertrauen habe, die tiefe Gewißheit, daß es Gott gibt und er für uns, für mich da ist.

Der eine mag gar nicht wirklich damit in Berührung sein, diese Wirklichkeit gar nicht richtig zulassen. Ein anderer mag sagen, auch wenn es mir nichts mehr bedeutet – es ist mein Job und den mache ich einfach. Es gibt Stumpfsinnigeres. Den meisten aber wird das zusetzen. Sie werden nicht zur Ruhe kommen. Es wird sie in die allergrößte Not, ja in die Verzweiflung treiben. Unabhängig davon, was das für ihr persönliches Leben heißt, in dem die religiöse und spirituelle Dimension eine große Rolle gespielt haben mag, hat das Auswirkungen auf ihr gesamtes Leben, innerlich und äußerlich. Im Falle des Priesters, der Ordensfrau oder der kirchlichen Mitarbeiterin stellt das ja eine Bedrohung für den ganzen bisherigen Lebensentwurf dar. Sind es doch die Fundamente, auf denen dieser Lebensentwurf aufbaut, die dadurch erschüttert werden.

Wer in einer solchen Situation den Respekt vor sich selbst nicht verlieren will, wer die eigentlich jedem von uns aufgetragene Sorge um sich selbst nicht vernachlässigen will, muß sich dieser Situation stellen, muß dieser Krise ins Gesicht sehen. Anderenfalls läuft er Gefahr, sich selbst und andere zu belügen. Er muß jeden Tag erneut seine Maske aufsetzen oder aber er gewöhnt sich so sehr an sie, daß sie ein Teil von ihm wird und er sie nicht mehr ablegen muß. Wenn ich mir das vergegenwärtige, spüre ich, wie in mir Trauer und Wut aufsteigen. Trauer darüber, was ein solcher Mensch mit sich macht, wie sehr er sich verschandelt, wie lieblos er mit sich umgeht. Wut darüber, was ein solcher Mensch mir und anderen antut, wenn nicht er es ist, sondern seine Rolle, seine Hülle, die von Gott spricht, wenn er vorgibt, etwas zu glauben, dabei uns und mir in Wirklichkeit etwas vormacht.

Ich spreche nicht von jenem, der dazu steht und sagt: Ich kann nicht mehr glauben. Der voller Trauer und Verzweiflung bekennt: Da ist nichts mehr da. Es ist wie weg. Er ist in Berührung mit dem, was in ihm los ist. Er ist transparent. Er fühlt die Wunde und den Schmerz, den sie erzeugt. Er arrangiert sich nicht, verbirgt sich nicht. Er stellt sich seiner Wirklichkeit.

Gott ist nicht mehr ihr Du

Andere Seelsorger und Seelsorgerinnen, Priester und Ordensleute glauben an Gott, glauben, daß es Gott gibt und er für uns da ist. Sie haben aber keine lebendige Beziehung zu ihm. Gott ist für sie kein Du, mit dem sie sprechen, zu dem sie in eine liebevolle Beziehung treten. Ihr Herz hüpft nicht, wenn sie an ihn denken. Sie vermögen nicht von innen heraus zu sagen: Ich liebe Dich, mein Gott. Du bist mein Alles. Alles in mir ist auf Dich hin ausgerichtet. Eines nur verlange ich von Dir, wohnen zu dürfen bei Dir. Nur zu Dir hin wird Stille mein Verlangen.

Sie machen nicht länger die Erfahrung, weiter zu werden, sich um Himmel und Erde zu verlängern, wenn sie eintauchen in die unendliche und zugleich endliche Umfassung Gottes. Unendlich, weil sie unermeßlich, letztlich unausdenkbar, endlos ist. Endlich, weil sie mir, dem konkreten, begrenzten, endlichen Menschen gilt und ich sie spüre, fühle, erahne.

Die Sonne geht auf
Noch etwas verhangen blickt das Dachsteingebirge zu mir herüber
Lange schon haben die Vögel ihr Morgenkonzert begonnen
Die Kühe laben sich gemächlich auf der Weide
Vor mir breiten sich die Berge von Radstadt aus
Und ich denke an Gott
Ich nehme Kontakt auf zu Dir
Und ich spüre, wie eine leise Freude mich durchweht
Die Freude, so selbstverständlich mit Dir Kontakt aufnehmen zu können
Selbstverständlich davon ausgehen zu können, daß es Dich gibt
Du da bist
Ich jetzt mit Dir in Kontakt bin
Du mich berührst
Du hast mich gerade berührt
Unsere Herzen haben sich berührt
Und ich denke an die Zeit
Es sind jetzt schon über zehn Jahre her
Wo Du mir so fern warst
Ich mir nicht länger sicher war
Ob es Dich denn wirklich gibt

Ich mir wirklich nicht mehr sicher war
Und in große Not geriet
Ich merke, daß ich nachdenklich geworden bin
An die Zeit zurückdenke
Ich war zum Studium in den USA
Versuche mich zu erinnern
Vielleicht spüre ich jetzt soviel Dankbarkeit in mir
Weil ich auch erfahren habe, was es heißt
Sich nicht mehr sicher zu sein, daß es Dich gibt
Daran zu zweifeln
Gebete zu Dir zu sprechen
Ohne wirklich mit Dir zu sprechen
Geschweige denn eine herzhafte Beziehung zu Dir zu haben.

Ich merke bei mir, daß herzhaft mit Gott in Beziehung treten zu können, die Triebfeder meines Lebens ist; auch meines religiösen Lebens und – ich kann das gar nicht so sehr trennen – meiner Arbeit. Dabei erfahre ich meine Beziehung zu Gott nicht immer so wach, so lebendig und intim, wie ich es in den vorausgegangenen Worten geschildert habe. Aber es ist, wie wenn Gott beständig ein Zimmer in mir bewohnt und ich recht schnell in direkten, lebendigen Kontakt mit ihm treten kann.

Wie aber vermag ich mit anderen Menschen einzutauchen in die liebevolle Beziehung zu Gott, wie kann ich als Seelsorger Menschen begleiten, zu einer liebevollen Beziehung zu Gott zu finden, ja, wie kann ich selbst überhaupt als Priester oder Ordensfrau leben, wenn Gott nicht länger mein Liebespartner ist, ich mich nicht im ständigen Austausch mit ihm befinde, mein Leben nicht länger geprägt ist von der lebendigen Beziehung mit ihm?

Der Bischof, der in der Verwaltung seiner Diözese aufgeht, der von einer Konferenz zur anderen hetzt, einen Firmgottesdienst nach dem andern absolviert, zwischendurch – auf der Fahrt zur nächsten Verpflichtung – sein Brevier betet, kann Gefahr laufen, so sehr in seinem Dienste aufzugehen, daß er den Kontakt zu Ihm dabei verliert. Ich möchte nicht wissen, wieviele Bischöfe und Ordensobere die unmittelbare, direkte Beziehung zu Gott verloren haben, sondern an seine Stelle die Arbeit, das Organisieren und Zelebrieren getreten sind.

Wer meint, daß etwas „Religiöses zu tun", wie Messe lesen oder Brevier beten, gleichzusetzen wäre mit lebendiger Beziehung zu Gott, sitzt einem großen Irrtum auf. Das kann so sein. Es ist aber nicht so, wenn darin und dabei nicht ein intimer Austausch mit Gott erfolgt, ich in eine tiefe, unmittelbare Beziehung zu ihm trete, ich mein Innerstes auf ihn hin öffne und dabei ganz offen bin für ihn, so daß er bei mir eintreten kann. Menschen, die sich keine Zeit nehmen oder glauben, keine Zeit zu haben, um in eine tiefe, bedeutungsvolle, intime Beziehung mit jenen zu treten, für die sie da sind – und für die sie sich anscheinend in ihrem rastlosen Einsatz aufbrauchen –, finden kaum Zeit, um mit Gott in eine tiefe, intime, lebendige Beziehung zu treten. Wie die Mitmenschen untergehen im allgemeinen Einsatz für sie, so geht auch Gott unter im allgemeinen religiösen Tun.

Das gleiche gilt für den Seelsorger und die Seelsorgerin in ihrem Bereich. Was passiert, wenn ihr Leben und Tun nicht länger Ausdruck ihrer liebenden Beziehung zu Gott ist? Wenn ihr Leben und Tun nicht länger etwas davon ausstrahlt? Diese intensive Beziehung nicht mehr die Quelle und die Triebfeder ihres Lebens und ihres Tuns ist?

7. EIN VERSCHLOSSENES UND GEBROCHENES HERZ

Ich begegne zuweilen Ordensleuten, Seelsorgern und Priestern, die bei mir zunächst bewirken, daß ich innerlich einen Schritt zurückgehe. Von ihnen geht soviel Herzlosigkeit, Rohheit und Verschlossenheit aus, daß ich glaube, mich vor ihnen nur dann schützen zu können, wenn ich auf Distanz zu ihnen gehe. Ja, ich erlebe sie wie Verwahrloste, wie Menschen, deren Seele in ihren elementarsten Bedürfnissen und Sehnsüchten sträflich vernachlässigt wurde mit dem Ergebnis, daß sie abstumpfte, kalt, indifferent wurde, Verbitterung, Fatalismus, Desinteresse einzogen. Sie wirken wie Seelsorger, deren Seele kalt geworden, deren Sorge abgestorben ist.

Solchen Seelsorgern gegenüber kann ich mich nicht eröffnen. Sie kann und will ich nicht teilhaben lassen an meiner intimen Beziehung zu Gott. Auch ist es für mich schwer vorstellbar, daß sie eine intime Beziehung zu Gott haben, daß es da in ihrem Leben einen Raum, eine Form gibt, die zärtliche Begegnung mit Gott ermöglicht oder erlaubt. Meine innere Einstellung gegenüber jenen Seelsorgern ändert sich, wenn ich ihre Not sehe, wenn ich versuche, mich in sie einzufühlen und zunehmend hinter der Rohheit, Herzlosigkeit und Kälte die weinende Seele höre und spüre, die niedergehaltenen Sehnsüchte erahne und etwas von dem glimmenden Docht ihrer echten Sorge wahrnehme. Dann regt sich meine Seele, schlägt mein Herz für sie, gilt meine Sorge ihnen.

Dann komme ich auch in eine nähere Berührung mit ihnen, merke, wie verschlossen ihr eigenes Herz ist. Wer aber mit einem verschlossenen Herzen lebt, könnte ebenso, so Alexander Lowen (1993, 32) „im Laderaum eines Schiffes auf Kreuzfahrt gehen. Er ahnt und begreift nichts von der Bedeutung, dem Abenteuer, der Erregung und Herrlichkeit des Lebens." Geht es nicht vielen Seelsorgern und Seelsorgerinnen, Ordensfrauen und Ordensmännern genauso, daß sie das Gefühl haben, sich auf einer Kreuzfahrt zu befinden, ohne das, was in ihnen oder um sie herum geschieht, wirklich miterleben zu können? Daß sie das Gefühl haben, ihr Herz ist undurchlässig, eingemauert. Das Leben geht an ihnen vorbei. Ja, es geht im wahrsten Sinne des Wortes an ihnen vorbei. Aus der Luke ihres Laderaumes im Schiff können sie beobachten, wie es, ohne sie zu berühren, an ihnen vorbeigeht. Sie machen die Erfahrung, daß die Zugänge zu ihrem Herzen und von ihrem Herzen verstopft sind. Die Worte der anderen dringen nicht vor bis an ihr Herz. Ihre eigenen Worte sind nicht gespeist aus ihrer Mitte, ihrem Herzen. Sie beginnen vor der Mauer, dem Panzer, der sich um ihr Herz gelegt hat. Sie sind von daher auch nicht eigentlich ihre Worte. Jedenfalls fehlt ihnen das Entscheidende, das Herz-hafte, das von ihrem Herzen kommt, das es letztlich zu ihren Worten machen würde.

Auch was sie tun, was sie anfassen – ihrer Berührung fehlt der Antrieb und die Zufuhr vom Herzen. Alexander Lowen (69) sagt: „Eine Mutter streichelt ihr Kind zärtlich und liebkosend, um Liebe auszudrücken. Wenn dieser Ausdruck der Liebe echt sein soll, muß das Gefühl ebenfalls vom Herzen kommen und in die Hände flie-ßen. Wahrhaft liebende Hände sind stark mit Energie geladen. Ihre Berührung hat Heilkraft." Wie aber will und kann ich anderen Seelsorger oder Seelsorgerin sein, wenn ich selber nicht mehr in Berührung mit meinem Herzen bin? Wie kann ich für andere dasein, wirklich dasein, so dasein, daß sie mich hören, mich spüren, meine Wärme erfahren, wenn ich selbst nicht mehr die Stimme meines Herzens höre, mein Herz nicht länger spüre, Kälte statt Wärme sich in mir ausbreitet? Wie soll und kann ich als Seelsorger anderen Liebe schenken, wenn ich selbst keine Liebe mehr in mir spüre, sie mein Herz, mit dem ich sie spüren, erfahren, mich an ihnen freue, sie genießen könnte, gar nicht erreicht?

Viele Seelsorger und Seelsorgerinnen haben ein gebrochenes Herz. Dabei bedeutet das Wort „brechen" nicht unbedingt „in zwei oder mehr Stücke zerbrechen. Es könnte auch", so Alexander Lowen (68), „auf einen Bruch zwischen dem Herzen und der Peripherie des Körpers hinweisen. In diesem Fall kann das Gefühl der Liebe nicht mehr ungehindert vom Herzen in die Welt fließen."

8. ABSTERBEN DER LEIDENSCHAFT

Bei manchen Seelsorgern, Seelsorgerinnen und Ordensleuten, hat eine negative Einstellung zur Sexualität oder allem, was mit Leidenschaft zu tun haben kann, dazu geführt, daß das Herz in seinem Verlangen, sich im Leidenschaftlichen, Sinnlichen, Gefühlvollen, Zärtlichen, Spielerischen, Kreativen auszutoben und zu verwirklichen, erheblich beschnitten worden ist. Ständig werden ihm in seinem Verlangen, sich in diesen Bereichen auszuleben, die Flügel gestutzt, bis es schließlich resigniert, sich in sich kehrt, verstummt, vielleicht noch leise vor sich hin weint.

Oder aber Gefühle von Ärger, Wut und Haß stauen sich auf, richten sich vornehmlich gegen sich selbst, um sich dann in Niedergeschlagenheit, Resignation und Depression zum Ausdruck zu bringen. Es sei denn, es wird ein Raum angeboten oder Gelegenheit gegeben, diese Gefühle auszudrücken. Folgende Schilderung von Bert Hellinger (1993, 163f.) ist ein besonders krasses Beispiel dafür. Bert Hellinger berichtet von einem Kurs mit evangelischen Vikaren, denen er folgenden Vorschlag macht: „Mir ist eine Übung eingefallen, die ist aber so schrecklich, daß ich es kaum wage, sie vorzuschlagen. Mir ist nämlich eingefallen, wir könnten einen Stuhl in die Mitte stellen und uns vorstellen, Jesus sitzt darauf und jeder sagt ihm was, sie willigten ein, und es kam dann zu unglaublichen Haßausbrüchen. … Vor einigen Wochen war ein Teilnehmer in einem meiner Kurse, der damals an dem Kurs teilgenommen hatte. Er erinnerte mich an etwas, was ich schon vergessen hatte, nämlich, daß damals einer während der Übung in die Küche rannte, ein Messer holte und mit dem Messer auf den Stuhl losging. So groß war der Groll." Bert Hellinger kommentiert diese Erfahrung mit den Worten: „Nur wenige der Pfarrer, die geopfert sind, machen Gott Ehre. Das können sie nicht, und das kann man auch nicht von ihnen verlangen. Deshalb werden sie auch bitter, wenn sie alt werden."

Auch wenn der zölibatäre Priester, die ehelosen Ordensleute gehalten sind, auf das Leben und Ausleben ihrer genitalen Sexualität zu verzichten, heißt das nicht, daß sie damit auf ihre Leidenschaft, das Vitale, Leidenschaftliche, das Sinnliche, Spritzige, Farbenprächtige in sich und in ihrem Leben verzichten müssen. Ihre Lebenssäfte dürfen dadurch nicht blockiert werden. Durch sie erhält ihr Herz die lebensnotwendige Energie. Über sie verbreitet sich ihr Herz auf den ganzen Menschen und über sie auf die Menschen ihrer Umgebung, die Menschen, für die sie da sind und da sein wollen. Diese Lebenssäfte und -kräfte bahnen sich auch den Weg zu einer lebendigen, den ganzen Menschen umfassenden Beziehung zu Gott.

Sigmund Freud (1978) sagt, daß jede psychoanalytische Behandlung ein Versuch ist, verdrängte Liebe – wobei er unter Liebe die mannigfaltigen Komponenten des Sexualtriebes versteht – zu befreien, die in einem Symptom einen kümmerlichen Kompromißausweg gefunden hat. Diese Symptome sind für ihn „nichts anderes als Niederschläge früherer Verdrängungs- oder Wiederkehrkämpfe", die „nur von einer neuen Hochflut der nämlichen Leidenschaften gelöst und weggeschwemmt werden". Das heißt, auch dann, wenn ich nicht wie Freud der Meinung sein muß, daß jene verhinderten Energien dem Sexualtrieb zuzuordnen sind, sondern der Lebensenergie an sich, von der die Sexualität einen wichtigen Teil ausmacht, ist die Voraussetzung dafür, um in meiner Entwicklung und Entfaltung nicht stecken zu bleiben, jene Blockaden zu beseitigen, die das Hochfluten der Leidenschaften verunmöglichen. Es geht darum, die wie lahmgelegt, tot und erstarrt erscheinenden Teile wieder so zu überschwemmen, ihnen Lebensenergie zuzuführen, daß sie wieder wachsen und aufblühen können. Nicht zugelassene Gefühle der Liebe und des Hasses, der Dankbarkeit und der Ablehnung, von Freude und Ärger, sie müßen da, wo sie nicht zugelassen, abgeschnitten, unangemessen sublimiert worden sind, zum Zuge kommen, unbeschnitten sich entfalten können, angemessen verarbeitet werden können. Die ins Stocken geratene Lebensenergie muß wieder zum Fließen kommen.

9. EIGENTLICH BIN ICH GANZ ANDERS, ABER ICH KOMME SELTEN DAZU

„Eigentlich bin ich ganz anders, aber ich komme selten dazu", sagt Ödön von Horváth. Ich wüßte keinen treffenderen Satz, der die Misere vieler Seelsorger und Seelsorgerinnen am Ende dieses Jahrtausends charakterisiert. Eigentlich sind sie ganz anders. Eigentlich haben sie unter ganz anderen Vorzeichen, mit ganz anderen Erwartungen diesen Beruf ergriffen, vor allem aber sind sie selbst eigentlich ganz anders als die, die sie täglich sein müssen, als die, die zu sein von ihnen von oben und unten erwartet wird.

Eigentlich bin ich ganz anders, sagt die 32jährige Gemeindereferentin. Ich spüre in mir eine große Offenheit für Gott. Ich spüre in mir die große Bereitschaft, Menschen von Gott zu erzählen, ihnen mitzuteilen, was er mir bedeutet, sie selbst hinzuführen und zu begleiten auf dem Weg zu Ihm. Doch was ich in meiner Arbeit vorfinde, sind von anderen ausgetretene Pfade, an die ich mich zu halten habe und von denen abzuweichen mir Ärger, Frust, Kritik einbringt. Die Kommunionvorbereitung hat so und so stattzufinden, an der Firmvorbereitung darf keine Änderung vorgenommen werden, mein Angebot für Gespräche wird vom Pfarrer nicht gebilligt. Mit meinen theologischen Vorstellungen, die sich zum Teil erheblich von den Einstellungen der Menschen meiner Pfarrei unterscheiden, muß ich mich zurückhalten. Ganz zu schweigen von meiner kritischen Haltung gegenüber der offiziellen Kirche, die ich nur unter Freunden und mir vertrauten Menschen herauslassen darf. Eigentlich bin ich ganz anders, aber ich komme selten dazu.

Wenn ich aber auf Dauer nicht dazu komme, die Person zu sein, die ich bin, gerate ich in Hoffnungslosigkeit bis hin zur Verzweiflung. Es kann gar nicht anders sein. Wenn ich mich nicht selbst leben darf, wenn ich das, was zu mir gehört, was mir wichtig ist, woran ich glaube, was meinem Leben eine Richtung vorgibt, auf Dauer nicht zum Ausdruck bringen kann, ins Leben umsetzen kann, knicke ich innerlich zusammen, verfalle ich innerlich zunehmend, werden mir die Flügel gestutzt, die mich sonst durchs Leben tragen, mich nach vorne bringen, mir Bewegung und Schwung im Leben ermöglichen. Sören Kierkegaard weist darauf hin, daß man im allgemeinen am stärksten verzweifelt ist, wenn man sich nicht dafür entscheidet oder dazu bereit ist, man selbst zu sein; und daß es die tiefste Form der Hoffnungslosigkeit ist, wenn man sich dafür entscheidet, „ein anderer als man selbst zu sein" (vgl. Schmid/Rogers 1991, 138f.).

Eigentlich bin ich ganz anders, aber ich komme selten dazu. Ein fast 50jähriger Priester, über die Maßen beliebt in seiner Pfarrei, ist total am Ende. Er liebt seine Pfarrei, ist für die Menschen seiner Pfarrei immer verfügbar. Wenn jemand ihm seine Not klagen will, läßt er alles andere liegen und ist für ihn da. Er schaut dann nicht auf die Uhr, schenkt dem Notleidenden die Zeit, die er braucht. Als ich ihn frage, was ihm im Augenblick am meisten fehlt, sagt er ohne Umschweife: eine Frau. Und dann bricht es aus ihm heraus, wie er sich nach einem Menschen, einer Frau sehnt, die für ihn da ist, die sich um ihn kümmert, die ihm Zärtlichkeit schenkt. Und, wie sehr er darunter leidet, keine Kinder zu haben. „Ich habe das Zölibat noch nie akzeptiert und auch nie gelebt", sagt er weiter. Er unterhält zu verschiedenen Frauen seiner Gemeinde sexuelle Beziehungen, gelegentlich sucht er auch einen Massage-Salon auf, wenn er sein Verlangen nach Nähe und seine Bedürftigkeit nicht mehr aushalten kann. Eigentlich bin ich ganz anders, aber ich komme selten dazu.

Gerade im Bereich der Liebe, der Intimität, der Zärtlichkeit und Sexualität sind viele Seelsorger und Seelsorgerinnen, Priester und Ordensleute in einer Situation, die sie spaltet. Einmal, weil sie nicht die sein können, die sie sind, dann wieder, weil sie nach außen hin etwas vorgeben, was sie in Wirklichkeit nicht sind. In diesem Bereich laden wir uns in der Kirche viel Schuld auf. Deshalb, weil wir mit dazu beitragen, daß Menschen in einem Bereich, in dem es um die zentralsten Bedürfnisse, Wünsche und Sehnsüchte geht, vielfach sich selbst und anderen etwas vormachen, damit aber mit dazu beitragen, daß sie ihr wahres Selbst, sich selbst nicht zulassen, zur Entfaltung bringen, mit dem Erfolg, daß sie sich verstümmeln.

Albert Görres hat schon vor vielen Jahren die, wie ich meine treffende Ansicht vertreten, daß bei Seelsorgern und Seelsorgerinnen so etwas wie eine Grundidentität mit der Kirche vorhanden sein muß. Ansonsten besteht die Gefahr der Spaltung. Genau das aber ist ja auf der anderen Seite sicher vielfach der Grund vieler Nöte von Seelsorgern, die bis zum Letzten sich bemühen, irgendwo diese Grundidentität mit der Kirche noch aufrechtzuerhalten. Nicht wenige Gemeindemitglieder haben sich längst von dieser Grundidentität entfernt, was vielfach die Spannung der Seelsorger und Seelsorgerinnen erhöht, die einerseits jene verstehen, die so handeln, andererseits dabei auch an Grenzen kommen, da sie ansonsten ihre Grundidentität in Frage stellen beziehungsweise ins Wanken bringen.

Andere wieder spüren in ihrem Herzen, daß sie längst woanders stehen, etwas anderes fühlen, nicht mehr in dieser Grundidentität stehen, es sich aber nicht zugestehen, geschweige denn, daß sie es anderen gegenüber zugestehen. Ich glaube, daß die Zahl der Seelsorger und Seelsorgerinnen, die sich nicht mehr grundsätzlich identisch erklären können, mit dem, was offiziell Kirche will und verlangt, groß ist. Sie ist bei weitem größer als das, was nach außen hin sichtbar und bekannt ist.

Was aber heißt das für die betroffenen Seelsorger, was heißt das für die Kirche? Es bricht etwas auseinander, es wird etwas unterhöhlt, nicht subversiv, einfach von den Gegebenheiten her. Das Fundament bricht ein. Beim Seelsorger und der Kirche. Wenn ich nicht länger weiß, wer ich bin und was ich will oder zwar weiß, was ich bin und was ich will, aber es nicht verwirkliche, ich eigentlich ganz anders bin, aber selten dazu komme, dann laufe ich Gefahr, mich zu verlieren, die Berührung mit mir, den Kontakt zu mir selbst zu verlieren.

2. KAPITEL

VOLLENDUNG UND BEFREIUNG DES EIGENTLICHEN WESENS

1. WER NICHT ER SELBST WIRD, HAT NICHT GELEBT

Ich habe versucht von verschiedenen Seiten her aufzuzeigen, wie wichtig es ist, die eigene Menschlichkeit zu würdigen, die Sorge um sich selbst nicht zu vernachlässigen, vom eigenen Herzen her zu leben, authentisch zu sein und nicht ständig eigentlich jemand anders zu sein als ich in Wirklichkeit bin. Heiligkeit bedeutet, so Thomas Merton, „sich selbst finden und ausfalten. Wer nicht er selber wird, hat nicht gelebt." Und wie ich als Seelsorger oder Seelsorgerin meine vornehmste Aufgabe darin sehe, andere zu begleiten, ihnen mit meinem Hintergrund, mit meinen Möglichkeiten zu helfen, der, die, zu werden, die zu werden er, sie bestimmt sind, so vermag ich das dann am besten, wirkungsvollsten und zugleich glaubwürdigsten zu tun, wenn ich selbst jemand bin, der bereit ist, offen dafür ist, ja geradezu danach aus ist, der zu werden, der zu werden ich bestimmt bin.

Es wird von mir als Seelsorger vieles, fast wie selbstverständlich, an Bestärkendem für andere, für ihren Prozeß der Selbstwerdung ausgehen, wenn ich mich selbst in diesen Prozeß hineinbegeben habe, mich ihm stelle. Ein solcher Prozeß ist diametral entgegengesetzt der Haltung, die ich beim Richtkreuz annehmen muß. Mein Blick wendet sich nicht ab von Gott. Gott, seine Anziehung ist die Triebfeder meines Schaffens, einschließlich meines Schaffens an mir. Selbst immer mehr der zu werden, der zu werden Er mich berufen und bestimmt hat, ist mein Ziel. Wie es als Seelsorger mein Ziel ist, den Menschen zu helfen, sie dabei zu begleiten, immer mehr die zu werden, die zu werden sie berufen und bestimmt sind.

Das aber verlangt Bewegungsfreiheit. Der Blick zu Gott kann nicht auf den Katechismus beschränkt bleiben. Er muß auch den manchmal engen Rahmen des offiziell Katholischen überschreiten und in eine Weite und in eine Tiefe vordringen, die ich nur dann erreiche, wenn ich bereit bin, meinen Blick noch weiterschweifen, noch mehr in die Tiefe richten zu lassen. Auch dann, wenn andere und anderes sich dazwischenstellen und es mir schwer machen. Die Bereitschaft dazu, das Verlangen danach, die Mühen, die mir dabei entstehen, und die Auseinandersetzungen, die ich dabei auszutragen habe, die geben die Energie und das Material ab, das mir hilft, noch mehr der zu werden, der zu werden ich bestimmt worden bin, noch mehr dabei das zuzulassen, was zur Ausformung meiner selbst dazugehört.

Diesen Prozeß kann ich bei anderen – wie gesagt – nur dann begleiten, wenn ich ihn bei mir selbst zugelassen habe, wenn ich bei mir die anstehenden Prozesse zulasse und dabei auch in meinem Glauben ständig wachse, in die Weite und in die Tiefe. Daß ich hier unweigerlich in Konflikt gerate mit starren Glaubensvorstellungen, mit all den menschlichen Bemühungen, Glauben in Kartons abzupacken und mir vorzuschreiben, an was ich zu glauben habe und an was nicht, ist Teil des Entfaltungsprozesses. Davon kann und soll ich nicht verschont bleiben.

2. „DAS MAUSERN MUSS WIE BEI VÖGELN EINE KRISIS IN UNSEREM LEBEN SEIN"

In der letzten Zeit habe ich mich sehr viel mit dem Trappist, Mystiker und Dichter Thomas Merton auseinandergesetzt, einem Mann, der mich als Person und in dem, was er zu sagen hat, sehr fasziniert. Es ist zum einen die unheimlich große Weite, die er zuläßt bei seinem Bemühen, Gott zu erfahren, ihn zu entdecken, aufzuspüren. Dann ist es seine Fähigkeit, unmittelbar in Berührung zu sein mit der aktuellen, auch aktuellen politischen, Situation, damals vor allem dem Vietnamkrieg. Und schließlich ist es seine eigene, persönliche Beweglichkeit. Sein Leben, so kommt es mir vor, ist ständig in Bewegung. Er schaut nach oben, nach unten, nach rechts, nach links, abtastend, spürend, bereit nach außen, vor allem aber auch nach innen zu hören, was für ihn dran ist, was sein Weg ist. Dahinter steht unter anderem Thomas Mertons Vorstellung, „daß jemand Gott in dem Maße ähnlich werde, indem er sein unverwechselbares, unwiederholbares eigenes Ich artikuliert. Heiligkeit bedeutet: sich selbst finden und ausfalten. Wer nicht er selber wird, hat nicht gelebt" (Hoffmann-Herreros 1992, 56). Jemand, der wie Thomas Merton sein Leben und dabei auch sein Leben mit Gott und zu Gott so dynamisch sieht, kann gar nicht anders, als immer wieder in Krisen zu geraten. Wo ich bereit bin, mich selbst wie einen Organismus zu sehen, der die Tendenz in sich trägt, sich dahin zu entfalten, wozu er bestimmt ist, der weiß, daß Krisen zu dem Prozeß der Entfaltung unweigerlich dazugehören. Ja die Krisen erst garantieren, daß die Entfaltung richtig und angemessen verläuft.

Henry David Thoreau (1979, 35), der über ein Jahr lang in einer Hütte, umgeben von einem See und Wäldern, gelebt hat, meint: „Das Mausern muß wie bei Vögeln eine Krisis in unserem Leben sein... Auch die Schlange wirft ihre Haut und die Raupe ihren wurmigen Rock infolge einer inneren Arbeit und Ausdehnung ab." Übertragen auf den Menschen heißt das: Zu einem Entfaltungsprozeß gehören Zeiten des Mauserns, Zeiten, in denen wir uns innerlich strecken und ausdehnen müssen, um dem uns vorgegebenen organischen Prozeß gerecht zu werden. Es geht einher mit Ausdehnen, Wachsen und Abwerfen der alten Haut, dem Abwerfen dessen, was nicht mehr paßt. Es geht nicht darum, daß ich jemand ganz anderer werde, jemand ganz neues. Es geht darum, daß ich noch mehr ich

selbst werde, daß noch mehr das, was mich ausmacht, zum Durch-
bruch und Ausdruck kommt.

3. MANCHMAL MUSS ICH VOM HAUPTWEG ABWEICHEN, UM
   ZUM ZIEL ZU KOMMEN – EINE KRISE IM LEBEN VON
   THOMAS MERTON

Um die fünfzig ist Thomas Merton in eine große Krise geraten. Er
verliebte sich in eine Krankenschwester. Er lebte diese Beziehung –
so weit es ihm als Trappist möglich war – offensichtlich mit ganzer
Leidenschaft. Es mag einen erstaunen, daß jemand wie Thomas
Merton, der sich so sehr dafür stark machte, den eigenen Lebensweg
zu finden und der eigenen Lebensentfaltung zu trauen, und das dann
auch in seinem eigenen Leben versuchte, erst so spät diese Erfahrung
machte. Dazu kommt, daß Thomas Merton in seiner Zeit vor dem
Kloster offensichtlich viele Freundschaften hatte und dabei auch
sexuelle Erfahrungen gemacht hatte. Bei Johann Hoffmann-Herreros (1992, 28) heißt es: „Er trifft eine Verkäuferin und schläft mir
ihr. Das Mädchen wird schwanger. Die Schwangere wird abgefun-
den. Merton sucht keinen Kontakt zu ihr, hat deshalb Schuldgefühle,
die immer stärker werden."
Die Begegnung mit der Krankenschwester muß etwas so Gewaltiges
in Thomas Merton angerührt haben, daß er dieser Macht nicht
widerstehen konnte. Vermutlich auch, weil er spürte, daß dadurch
in ihm eine Seite angesprochen wurde, ja etwas in ihm aufgerissen
wurde, das bisher nicht zum Zuge gekommen ist, in ihm verborgen
geblieben war und sich jetzt, in der Begegnung mit dieser Frau,
gebieterisch meldet, nicht länger bereit war, übersehen zu werden,
in seinem organischen Entfaltungsprozeß unberücksichtigt zu bleiben.
Die Informationen, die über die Beziehung von Thomas Merton zu
dieser Frau vorliegen, sind spärlich. Vieles ist zur Veröffentlichung

noch nicht freigegeben worden. Aus dem, was mir bekannt ist, spricht manches dafür, daß Thomas Merton bei all seinen vielen tiefen Erfahrungen eine entscheidende Erfahrung abgegangen ist: die Erfahrung, wirklich geliebt zu werden. Nicht, daß ihn andere und darunter auch Frauen zuvor nicht geliebt hätten. Nur, es ist ein Unterschied, ob ich geliebt werde und in mir ein Resonanzboden da ist, der diese Liebe aufnimmt, daß ich sie auch wirklich spüre, dankbar annehme, mich davon berühren und durchfluten lasse, mich wie ein Schwamm, der Wasser aufsaugt, davon vollsauge, oder ob da bei mir statt eines Schwammes ein Stück Holz, ein Stein ist, an dem alle Liebe abprallt, mich die Liebe der anderen nicht erreicht. Dabei war Thomas Merton ständig auf der Suche nach dieser Liebe – gerade auch der Liebe zu einer Frau, da er diese Liebe von seiner Mutter nicht geschenkt bekam. Jetzt erfuhr er diese Liebe – an Leib und Seele. Daß eine solche Erfahrung jemanden aus der Bahn wirft, eine totale Umkehrung der bisher gültigen Gewichtungen im Leben mit sich bringen mag, ist für mich selbstverständlich und nachvollziehbar. Thomas Merton ist Trappist geblieben – sei es mit Rücksicht auf die äußeren Umstände oder aus innerer Überzeugung, auch gegenüber seiner Berufung. Ich weiß es nicht.

Soweit ich es beurteilen kann, war für Thomas Merton das Zulassen und in einem bestimmten Ausmaße auch das Leben seiner Liebe zu der Krankenschwester wichtig, auch, um Seiten von sich ins Leben zu bringen, die bisher ein Leben im Dunkeln und Verborgenen verbracht hatten. Auf der anderen Seite glaube ich aber auch, daß es in einer solchen Situation möglich ist, nach einer bestimmten Zeit – wenn auch als ein hoffentlich Veränderter – auf eine Lebensform zurückzukommen, die in Einklang zu bringen ist mit dem einst von mir gewählten Lebens-Weg. Ja, daß ich manchmal, wenn nicht sogar oft, meinem Lebensentwurf erst dann wirklich gerecht werde, wenn ich die mich anscheinend von meinem Lebens-Weg weggebrachte Erfahrung als zu meinem Lebens-Weg gehörig betrachte, die – für die entsprechende Zeit – ihren Platz hat und haben darf.

Passiert hier doch etwas, das unheimlich viel mit mir macht, das mich noch mehr authentisch macht, das mich bereichert, das mich noch mehr mich selbst sein läßt. Ja, es passiert etwas, wie im Falle von Thomas Merton, das einen Anlaß zur Freude und Dankbarkeit darstellt: die Erfahrung, wirklich geliebt zu werden. Was gibt es Schöneres, Überwältigenderes? Das ist ein Oster-Alleluja, das durch Seele und Leib geht. Das ist wie ein wirklich erfahrener zärtlicher Kuß Gottes – und ich meine wirklich zärtlich und sinnlich und nicht symbolisch und sinnbildlich oder was auch immer.

Hier diese ungemein schöne, tiefe, erfüllende Erfahrung des Ge-liebt-Seins und *da* die Erfahrung, daß es dich fast zerreißt in so einer Situation, ich in den größten Konflikt mit meinem Lebensentwurf, mit meiner augenblicklichen Lebenssituation gerate. Allein, genau das ist das Material, ist die Dynamik, ist die Sprengkraft, die mich weiterbringt, mich tiefer bringt, die mich durchbricht, um mit dem in Berührung zu kommen, was meines ist. Hier nicht hängenzublei-ben, zu schnell aufzugeben, die Spannung auszuhalten und zuzu-lassen, ist entscheidend, um die Krise für mich und mein weiteres Leben fruchtbar zu machen.

Weitreichende – zumindest endgültige – Entscheidungen sollten erst getroffen werden, wenn die Krise im Abklingen oder vorbei ist. Oft wird sich zeigen, daß die sich im „Mausern" vollzogene Weitung und Entfaltung und die während dieses Prozesses gemachten Erfah-rungen auch notwendig waren, um den bisher gegangenen Weg weitergehen zu können, so weitergehen zu können, daß er mir gemäß ist – so wie ich geworden bin. Daß auf diesem Weg die Seiten von mir gelebt, die Sehnsüchte wenigstens zum Teil erfüllt werden können, die mir neu aufgegangen sind, und die ich auch nicht länger unbeachtet lassen will.

4. Gottes Besondere Nähe In Der Krise Erfahren

Ich will mit dem, was ich im Vorausgehenden über die krisenhafte Erfahrung im Leben von Thomas Merton gesagt habe, den Blick öffnen für das große Potential an Wachstum, das sich aus dem Zulassen von Krisen ergibt. Ich würde das nicht tun, würde ich nicht am eigenen Leib und meiner eigenen Lebensgeschichte genau das erfahren haben. Ich habe durch meine persönlichen Krisen sehr viel gelernt. Es waren gerade Krisen in meinem Leben, die mich mehr mit mir in Berührung gebracht haben, und ich glaube mich dadurch auch näher an das herangebracht haben, was Gott mit mir vorhatte, und die mich so gesehen letztlich auch am meisten weitergebracht haben.

Da gab es Momente, in denen ich mir ganz klein vorkam, in denen ich am Ende war, in denen ich mir wirklich schwach vorkam, ausgeliefert. Momente, bei denen ich dachte, es geht nicht weiter, bis ich mit Kräften von mir in Berührung kam, ich die Zuneigung und Hilfe von Freunden erfahren durfte, ich Gottes Nähe in einem Ausmaß erfahren durfte, wie sie mir gegebenenfalls vorenthalten worden wäre, hätte ich diese Erfahrungen nicht gemacht.

Und dann denkt man, man sei weitergekommen, näher seinem Ziel, der zu werden, der zu werden man bestimmt ist. Man habe die Gestalt angenommen, die sich einem innerlich als die anzustrebende Lebensperspektive zeigt. Da fällt man wieder, läuft man Gefahr zurückzufallen, in die Illusionen zu schlüpfen. Die Kräfte scheinen einem zu schwinden, Angst steigt auf, Nostalgie tritt in Szene. Der Schmerz über den Verlust des nicht Erreichbaren, augenblicklich Ersehnten meldet sich, macht das Herz schwer, droht überhand zu nehmen.

All das gehört dazu. Ich bin ja auch nicht festgefahren oder so sehr fixiert auf das Ziel und unter Spannung, das Ziel auf alle Fälle, ohne links und rechts zu schauen, ohne mich dabei auszuruhen, zu erreichen. Ja, ich mag zurückfallen, *regredere*, zurückgehen, weil ich mir nicht länger zutraue, nach vorne zu gehen. Solange ich nicht meinen Weg abbreche oder aufhöre, solange ich nicht einfach hängenbleibe, darf das so sein und kann das sogar wichtig sein. Entscheidend ist allerdings, daß ich nach einer Weile wieder den Weg nach vorne antrete, mich wieder darauf einlasse, vorwärts zu gehen, *progredere*. Wenigstens für eine Weile, bis ich wieder eine Pause benötige, ein Stück zurückgehe oder für einen Augenblick an der erreichten Stelle verweile.

Ich habe auch gelernt – und das ist sehr wichtig für mich –, daß die nächste Krise schon um die nächste Ecke auf mich wartet. Daß Leben wirklich zu leben heißt, nicht Sicherheit zu haben. Es meint Verwirrung und Komplexität. Nicht immer im extremsten Ausmaße. Aber es meint vor allem auch, zur Kenntnis zu nehmen und sich immer wieder darauf einzustellen, daß das Leben komplex ist, schwierig und verwirrend und daß uns der Himmel auf Erden nicht versprochen worden ist, weder in der Ehe noch in der Ehelosigkeit. Genau das aber ist es auch, was uns, wenn es uns nicht überfordert, am Leben erhält. Was uns hilft, statt zu regredieren, also zurückzugehen, nach vorne zu gehen, und dabei unser inneres Wachstum fördert.

5. Der Seelsorger ist immer zuerst Mensch

Den idealen Seelsorger und die ideale Ordensfrau wird es nie geben. Der Seelsorger ist immer zuerst Mensch und muß immer auch zuerst Mensch sein und bleiben. Als solcher aber ist und bleibt er immer auch menschlich, auch im Sinne von unvollkommen. Gebrochenheit, Verwundbarkeit, Unvollkommenheit, Sündhaftigkeit dürften sein Leben nicht weniger kennzeichnen als das anderer Menschen. So sehr er die Sehnsucht nach Gott in sich spürt und diese Sehnsucht ihn in seinem Tun begleitet und mitunter zu seinem Wirken antreibt, kennt er auch Phasen und Momente, in denen er diese Sehnsucht nicht spürt, er Gott nicht spürt, er keine Lust zum Beten hat, ihn Spirituelles kaum anzusprechen vermag.

Ein Priester oder Ordensmann ist bereit zölibatär zu leben, seine Sexualität in den Dienst seiner Arbeit und Hingabe für andere und Gott zu stellen, macht damit auch gute, ihn tragende und erfüllende Erfahrungen. Und dann kennt er Situationen und Augenblicke, in denen ihn die Sehnsucht nach einer innigen Beziehung oder auch einfach das Verlangen nach sexuellem Vergnügen überkommt, und er ihm erliegt. Er ist beseelt davon, ganz aufzugehen im Dienst für Gott, sich dabei ganz zurückzunehmen, um immer wieder zu erfahren, wie wichtig ihm Ehrerweisungen, Titel, Anerkennung sind oder wie eifersüchtig, mißgönnerisch, schadenfroh er sein kann.

Man könnte noch viele weitere Beispiele anfügen, die deutlich machen, wie sehr Seelsorger und Seelsorgerinnen, Priester und Ordensleute immer wieder auf jene Seite ihrer Menschlichkeit stoßen, die sie mit ihrer Unvollkommenheit, letztlich ihrer wirklichen menschlichen Situation und Gegebenheit, konfrontiert. Mir scheint es wichtig zu sein, diese Wirklichkeit sich immer wieder vor Augen zu halten. Vor allem als betroffene Seelsorgerin oder als betroffener Ordensmann. Es scheint mir deshalb wichtig zu sein, weil man sonst Gefahr läuft, irgendwann tatsächlich zu glauben, vollkommen, ja heilig, zumindest aber vollkommener als andere zu sein. Oder man läuft Gefahr, schließlich doch das Bild von sich zu übernehmen, das andere ständig auf den Priester, die Seelsorgerin projizieren und ihn beziehungsweise sie dabei zu einem überirdischen Wesen machen, das in seiner Erhöhung zugleich eine Reduzierung auf Kosten des Menschseins erfährt. Ich möchte nicht wissen, wieviele Seelsorger und Ordensleute sich in diesen Käfig der Projektionen und Erwartungen der Menschen um sich herum haben sperren lassen oder immer noch einsperren lassen, um den Preis, zunächst einfach ihres Mensch-Seins, dann ihrer persönlichen Entwicklung und Entfaltung oder um den Preis des Zulassens und Erlebens von dem, was ihnen Freude, Erfüllung, Spaß bereitet.

Entlarvend und zugleich befreiend kann angesichts dieser Situation folgende Erkenntnis Montaignes' aus dem 16. Jahrhundert sein, der meint: „Es ist eine höchste und gleichsam göttliche Vollendung, seines eigenen Wesens redlich froh werden zu können. Wir trachten nach einem anderen Los, weil wir das unsere nicht zu nutzen wissen, und wollen über uns hinaus, weil wir nicht begreifen, was in uns ist. Doch wir mögen noch so sehr auf Stelzen steigen, auch auf Stelzen müssen wir mit unseren Beinen gehen. Und auf dem höchsten Thron der Welt sitzen wir doch nur auf unserem Hintern."

6. Stehe Ich Zu Meiner Menschlichkeit, Vergeude Ich
   Meine Kraft Nicht In „Flügel" Und „Hörner"

Wohin das führt, wenn ich nicht zu meiner Menschlichkeit stehe, ich sie mir von anderen – so scheint es zumindest zunächst – „wegnehmen" lasse, ist im Grunde genommen vorausprogrammiert: Ich beginne unnatürlich zu werden, mir wachsen „Flügel" oder „Hörner", wo es doch genügen würde, ja, es am besten wäre, daß der normale Wachstumsprozeß in mir seinen Gang nehmen könnte, ich immer mehr der werde, der zu werden ich bestimmt bin. Heißt vollkommen, gar heilig sein, wirklich, in Sphären zu schweben, die mich den Boden unter den Füßen nicht mehr spüren lassen? Ist jener Vergeistigte, der gleichermaßen seelen- und leblos wirkt, tatsächlich das Ideal, das ich als Seelsorger anzustreben habe? Geht da nicht eine kaum mehr auszuhaltende Sterilität von mir aus, die durch die Art wie ich lebe, mich kleide, in Beziehung zu anderen trete, alles andere als einladend wirkt? Vor allem aber, wo bleibt da mein eigentliches Leben, eingeschlossen mein Sehnen und Begehren, mein Hoffen und Bangen? Und wie vermag ich als solcher das wirkliche Leben zu meistern, wenn ich an die Wirklichkeit stoße oder durch Krisen unbarmherzig darauf gestoßen werde? Das kann dann die Situation sein, in der mich die „Flügel" nicht mehr tragen, und ich jäh abstürze. Da meine Energie in die „Flügel", statt in den normalen Wachstumsprozeß „geflossen" ist, fehlen mir jetzt die Voraussetzungen, die mir sonst helfen würden, mich in dieser Situation zurechtzufinden.

Ein anderer investiert seine Kraft im Erfinden von Auswegen, die dem nicht zugelassenen Leben, der nicht zugelassenen normalen Entwicklung und Entfaltung sozusagen durch die Hintertür doch noch eine Chance geben. Wenn man sich sonst nichts gönnt, dann, ja dann darf man es sich doch wenigstens schmecken lassen, auch einmal einen über den Durst trinken, auf den Spuren dieses und jenes Heiligen ausgedehnte Reisen unternehmen, um sich dann auch noch bedauern zu lassen, welche Strapazen man dabei auf sich nimmt.

Das Sehnen und Verlangen nach Intimität und Sexualität wird im Geheimen gelebt. Allein das trägt nicht zur persönlichen Menschwerdung, weiteren persönlichen Entwicklung und Entfaltung bei, sondern die „Hörner" werden immer größer. Es entwickelt sich etwas, das eigentlich gar nicht zu mir gehört, das mich entstellt, an dem ich mich wundschlage, weil ich all letztlich, nicht zu meiner Menschlichkeit, Unvollkommenheit stehe, sondern weiterhin zum Teil vor mir selbst, vor allem aber vor den anderen versuche, das Bild des Vollkommenen aufrecht zu erhalten.

Als Seelsorger und Seelsorgerin, als Priester, Ordensmann und Ordensfrau will ich jemand sein, der sich nicht verstecken muß. Der nicht auf der Hut sein muß, daß Seiten von ihm transparent, sichtbar, offenbar werden, die er verdeckt hält und lieber verstecken will. Ich will und muß nicht alles von mir erzählen. Ich habe ein Recht auf ein privates Leben. Allein, ich will nicht leben wie einer, der Leichen im Keller versteckt hat und ständig damit rechnen muß, daß sie entdeckt werden. Ich will eine Offenheit ausstrahlen, die ansteckt. Die auch andere dazu anregt, offen, transparent zu sein. Da kann es gar nicht anders sein, daß auch Unzulänglichkeiten, Fehler, Gebrochenheit, sichtbar werden, mit denen ich nicht hausieren gehe, die ich aber auch nicht verstecken muß und nicht verstecken will.

Ich bin dann als Seelsorger ein Mensch, der sein Inneres auch nach außen zeigt und lebt. Der keine Angst davor hat, sein Inneres, das, was er wirklich ist, was er wirklich denkt, fühlt, glaubt, auch nach außen hin transparent zu machen. Mein Leben wird dadurch weiter und reicher. Statt zu spalten und zu sortieren, was heraus darf und was nicht, was zu mir gehören darf und was nicht, bin ich einfach. Ich bin einfach – in all dem, was mich als Mensch ausmacht. Alles gerne zulassend, was mich immer mehr mich sein läßt. Die Offenheit für meine Träume und meine Traumwelt und ihr Fruchtbar-Machen für mein Weiter-Werden, Tiefer-Sehen und Transparenter-Werden, kann dabei von besonders großer Bedeutung sein.

Stehe ich aber zu meiner Menschlichkeit und da auch zu meiner Unvollkommenheit, vergeude ich meine Kraft nicht in „Flügel" und Hörner. Ich setze sie dann ein für meinen normalen und selbstverständlichen Werdeprozeß, der immer auch ein Prozeß hin zu mehr „Vollkommenheit" ist, im Sinne von, immer mehr der zu werden, der zu werden ich bestimmt bin. Thomas Merton (1951, 24) sagt: „Für mich bedeutet heilig sein: ich selbst sein. Deshalb ist das Problem der Heiligkeit und des Heils tatsächlich die Aufgabe, mein wahres Ich zu entdecken."

7. „ER ALLEIN KANN MICH ZU DEM MACHEN, DER ICH SEIN WERDE, WENN ICH BEGINNE, VOLL UND GANZ ZU SEIN"

An einer anderen Stelle sagt Thomas Merton (22): „Je mehr ein Baum er selbst ist, um so mehr gleicht er Gott. Wollte er versuchen, etwas anderes zu sein, wozu er nicht bestimmt worden ist, so würde er Gott weniger gleichen und ihn weniger preisen." Das gilt auch für den Menschen. Auch für ihn ist es wichtig, Mensch zu sein und nicht etwas anderes. Während es beim Baum aber genügt „zu sein, was die Natur" mit ihm beabsichtigt, darf es uns nicht genügen „individuelle Menschen zu sein. Für uns steht Heiligkeit höher als bloßes Menschsein. Wenn wir nie etwas anderes sind als bloße Menschen, nie etwas anderes als unser natürliches Selbst, so werden wir nie Heilige sein; wir werden nie fähig, Gott durch unsere Eben-bildlichkeit zu verherrlichen, in der die Heiligkeit besteht" (24).

Also doch das Menschliche übersteigen, mir „Flügel" wachsen las-sen? Nein! Mich vorbehaltlos meinem Selbst überlassen. Mich aus der Tiefe meines Selbst herausführen lassen, im Vertrauen darauf, darin Gottes Wegweisung für mich, mein Leben zu erhalten. Ich muß dann nicht den normalen, „natürlichen" Prozeß der Men-schwerdung verlassen – ich darf ihn ja gar nicht verlassen, will ich wirklich Mensch werden. Ich bin in diesem Prozeß aber wach, sensibel und schließlich bereit, den mir, allein mir zugedachten Weg, von Gott mir zugedachten Weg zu erahnen, zu erspüren und zu gehen, mich von Gott zu dem machen zu lassen, der ich bin. Denn: „Er allein kann mich zu dem machen, der ich sein werde, wenn ich endlich beginne, voll und ganz zu sein" (25).

Dem Geheimnis des mir zugedachten Weges, dessen, was ihn letzt-endlich ausmacht, komme ich auf die Spur, wenn ich mich meinem Selbst überlassend darin zugleich Gott überlasse. Im Vertrauen dar-auf, daß er in dem mir Zugedachten zugleich sich selbst zum Aus-druck bringt, ich im Entdecken meiner selbst Gott entdecke. „Finde ich ihn, so finde ich mich selbst, und finde ich mein wahres Ich, so werde ich ihn finden … Der Eine und Einzige, der mich lehren kann, Gott zu finden, ist Gott selber, er allein" (28).

Was ich – auch als Seelsorger und Seelsorgerin – tun kann, ist, meinen Weg der Menschwerdung zu gehen, bereit und beseelt da-von, dabei im Entdecken Gottes mich selbst zu entdecken. Ich kann es nicht erzwingen, es nützt nichts, ich komme dem nicht näher, wenn ich mir „Flügel" wachsen lasse. Auch wenn ich mich auf meinen Weg der Menschwerdung einlasse, habe ich keine Garantie, Gott und letztlich mich zu finden. Allein ich tue dann das mir Mögliche, im Vertrauen, daß Gott sich von mir entdecken läßt und mir damit das Geschenk der Entdeckung meiner selbst macht.

Loslassen können
sich einfach dem Fluß des Lebens
überlassen können
sich frei machen können
von den Warums? was wird?
loslassen können
einfach zu sein
ganz zu sein
und aus diesem Sein heraus
zu leben
in Beziehungen zu treten
mein Leben zu gestalten.

Mein Sein ist mein Fundament
auf das ich mich verlassen kann
mit ihm gilt es immer wieder in Berührung zu kommen
in Kontakt zu treten
es gibt mir meine Richtung vor
ist meine Orientierung
wenn ich den Bezug zu ihm verliere
verliere ich mich in Ideen und Aktivitäten
die mich fortführen von mir, meinem Sein, meiner Mitte.

Es bedarf des Vertrauens in mein Sein
um mich ihm und seiner Führung ganz überlassen zu können
und das verlangt viel
die Geländer, Stützen, Absicherungen
von denen ich meine, daß sie mich halten
loszulassen
wirklich einfach loszulassen
und mich fallen lassen
im Vertrauen in meinem Sein aufgefangen zu werden
allein nur, wenn ich loslasse
loslassen kann

kann ich mich dem Fluß meines Seins überlassen
überlasse ich mich meinem Sein
bin ich.

Und in dieser Mitte
in meinem Sein
bin ich in Dir
„der Vater,
der in der Tiefe aller Dinge
und in meinen eigenen Tiefen wohnt,
teilt mir sein Wort
und seinen Geist mit
und mit dieser Teilnahme
werde ich
in sein eigenes Leben einbezogen
und erkenne Gott
in seiner Liebe.
In diesen Mitteilungen
beginnt und vollendet
sich mir
die Entdeckung meines eigenen Seins,
denn durch sie beginnt
Gott,
der in sich das Geheimnis seines Wesens birgt,
in mir nicht mehr bloß als Schöpfer,
sondern als mein zweites und wahres Ich
zu leben.
Vivo, jam non ego,
vivit vero in me Christus;
ich lebe, doch nicht mehr ich lebe,
sondern Christus in mir"
(Thomas Merton 1951, 31)

8. Seelsorge für die Seelsorger: Sie bei der Entfaltung ihres Selbst begleiten

Eine meiner vornehmsten Aufgaben als Seelsorger, als Ordensfrau ist es, Mensch zu werden. Die Prozesse in und an mir zuzulassen, die meine Mensch-Werdung notwendigerweise begleiten. Ich darf dabei grundsätzlich darauf vertrauen, daß das, was zu meiner Mensch-Werdung notwendig ist, mir gegeben ist. Ich meine, daß ich nicht ständig auf der Hut sein muß, etwas zu beachten, Angst haben muß, etwas zu vernachlässigen, ich vielmehr mit Gelassenheit und aus dieser Gelassenheit mit wacher innerer Aufmerksamkeit und Präsenz die nächsten Schritte zulasse und gehe, mich dem Wechselspiel des eigenen Tuns und des Geführt-Werdens überlasse. Zuviel Aktivismus, eine Haltung des ständigen Angespannt-Seins, blockieren mich eher, verzögern und erschweren die anstehenden Entscheidungen, Handlungen und Prozesse.

Wenn es mir (dagegen) gelingt, mich dem grundsätzlichen Werden vertrauensvoll zu überlassen, vermag ich in großer Offenheit all das auf mich wirken und dann auch etwas bei mir bewirken lassen, was mir dabei begegnet. Sei es eine Begegnung mit einem Menschen, einer Idee, einem Gefühl, einer Ahnung, einer Situation. Sie können mir helfen, mit mir noch mehr vertraut zu werden, wenn ich sie nicht an mir vorübergehen lasse, sondern sie empfange. Sie können mir helfen, in der echten Begegnung mit ihnen, noch mehr von mir selbst, meinem Selbst, zuzulassen. Sie können mir in all dem schließlich auch helfen, mehr von dem zu entdecken und von mir zu enthüllen, was Gott mit mir vorgesehen hat.

Seelsorge für Seelsorger heißt dann auch, ihnen bei der Entfaltung ihres Selbst, ihrer Seele zu helfen, sie dabei zu begleiten, sie zu stützen und zu fördern, die zu werden, die zu werden sie berufen und bestimmt sind. Dabei gilt der Sorge um die Seele das besondere Interesse. Die Seele ist zugleich die Erfüllung und Vollendung des Selbst und dessen Übersteigerung. Sie kommt im allgemeinen

Wachstumsprozeß zur Entfaltung und trägt damit im Sinne von Thomas Merton zur Heiligkeit des einzelnen bei. Die Seelsorge für den Seelsorger und die Seelsorgerin ist dabei eingebettet in die Bemühungen, die darauf aus sind, seine und ihre Selbstentfaltung zu fördern.

So geht die Seelsorge für Seelsorger und Ordensleute Hand in Hand mit der Erziehung oder, wo nötig, mit Beratung und Psychotherapie. Vor allem geht sie einher mit den menschlichen normalen Entfaltungsprozessen. Sie tut das zumindest dann, solange es ihr um die Förderung dieses Entfaltungsprozeses geht, und sie sich nicht etwa als Verhinderin dieses Prozesses versteht.

9. SEELSORGE ALS FÖRDERIN DES MENSCHLICHEN ENTFALTUNGSPROZESSES

Eine Seelsorge, die sich als Förderin des menschlichen Entfaltungsprozesses versteht, kann in Berührung mit der jeweiligen Entwicklung der einzelnen, deren Förderung und Verstärkung, die jeweils anstehenden Aufgaben von ihrer Warte her beleuchten, deuten und dafür Sorge tragen, daß die ihr wichtige Seite des einzelnen Menschen und seiner Entwicklung nicht übersehen wird. Sie erlaubt sich, nimmt sich heraus, tiefer zu sehen, möchte für die Entfaltung des einzelnen die größtmögliche Weite und Tiefe garantieren, indem sie immer wieder schaut, daß die Türe nicht zu schnell zugemacht wird und die eigentlich mögliche Entfaltung dadurch verhindert wird. Sie ist dabei – noch einmal sei's gesagt – nicht etwas ganz anderes. Sie ist vielmehr die selbstverständliche Fortsetzung des sich Entwickelnden und Entfaltenden.

Seelsorge kann hier heißen, zu sehen, was von dem, was ich als Seelsorger und Seelsorgerin anzubieten habe, den Prozeß der Selbst-Werdung oder – in den Worten von Thomas Merton – der Heiligung fördert. Was kann ich als Seelsorger dazu beitragen, daß Menschen die werden, die zu werden sie berufen und bestimmt worden sind? Wo können Sakramente, die verschiedensten Formen der Begleitung, der Religionsunterricht usw. dazu beitragen? Eine wichtige Aufgabe kann dabei auch sein, auf die dem jeweiligen Entfaltungsprozeß entsprechenden Formen des Glaubens einzugehen beziehungsweise dazu beizutragen, daß die Entwicklung des Glaubens den entsprechenden Entwicklungsstufen gemäß gefördert wird.

Wenn Seelsorge nicht getrennt vom menschlichen Entfaltungsprozeß gesehen werden kann, ja, wenn es unter anderem ihre Aufgabe ist, diesen Entfaltungsprozeß, den Prozeß hin zur Heiligkeit, mit ihren Möglichkeiten zu unterstützen und zu fördern, dann kommt ihr in den Phasen dieses Wachstumsprozesses, die besonders kritisch sind und schwierig verlaufen können, eine besondere Rolle zu.

Eine Seelsorge, die es als ihre Aufgabe sieht, Menschen zu helfen, voll und ganz sie selbst zu sein, und dabei davon ausgeht, daß erst im Entdecken Gottes wir uns selbst voll und ganz entdecken und daß der Eine und Einzige, der mich lehren kann, Gott zu finden, Gott selbst, er allein ist, wird die leisen Töne bevorzugen, wird über einen langen Atem verfügen, wird vor allem aber von dem Vertrauen geprägt und beseelt sein, das sich wirklich Gottes Wirken überläßt, Ihm sich überläßt. Es wird eine Seelsorge sein, die die Menschen ermutigt, sie selbst zu sein, ihrem Selbst zu trauen, es zur Entfaltung zu bringen, ihren Weg der Menschwerdung zu gehen, offen und bereit dazu, darin Gottes Weisung, das ihnen, von Ihm Zugedachte zu erspüren und zu erkennen.

Es wird eine Seelsorge sein, der es vornehmlich darum geht, mit dazu beizutragen, daß Menschen offen und wach sind für Gottes Begegnung mit ihnen. Sie wird alles vermeiden, was diesen Prozeß stören könnte. Und sie wird gerade durch ihre Zurückhaltung ein lebendiges, dynamisches und überzeugendes Beispiel ihres unerschütterlichen Vertrauens in Gottes Tun, selbst, an den Tag legen, Ihn, der allein „zu jenem Kontakt, jener Vereinigung mit ihm führen kann, durch die ich zur Entdeckung seines wahren Wesens und meines Seins in ihm gelange" (28). Denn dies „ist etwas, was kein Mensch je allein vollbringen kann. Auch vermöchten alle Menschen und sämtliche Geschöpfe des Weltalls nicht, ihm in diesem Werk beizustehen."

3. KAPITEL

DIE EHRE GOTTES IST DER LEBENDIGE MENSCH

1. DER SEELSORGER – EIN LEBENDIGER MENSCH

Es ist die schönste und zugleich schwerste Aufgabe, die mir als Mensch und damit auch als Seelsorger und Seelsorgerin, als Ordensfrau und Ordensmann gestellt ist, ein lebendiger Mensch zu werden und zu sein. Ein Mensch, der das Leben in sich spürt und der die vielen Weisen, Leben zu verwirklichen, zu nutzen vermag. Ein Mensch, der Dankbarkeit empfindet ob seines Da-Seins, der voll Staunen und Neugierde die Buntheit des Lebens bewundern und betrachten kann, dessen Herz sich aufbäumt angesichts unsäglichen Leides, der sich freuen kann über den Anblick des sich zärtlich umarmenden Liebespaares, der Momente tiefster Ergriffenheit kennt, der seine Lust am Leben spürt, die Schicksalsschläge, die sein Leben begleiten, durchleidet, seiner Fürsorge für sich und seiner Liebe zu anderen Menschen und zu Gott freien Lauf läßt.

Die Ehre Gottes ist der lebendige Mensch. Ich kenne viele lebendige Menschen, die sich nicht als Christen bezeichnen und auch nicht (oder nicht mehr) einer Kirche angehören. Sie sind lebendig, kreativ, sind in Berührung mit ihrem Leben und mit dem Leben um sie herum. Sie tun für beide etwas. Sie pflegen die Kranken, sättigen die Hungernden, engagieren sich für den Erhalt unserer Lebenswelt, finden aber auch Zeit zum Tanzen, Malen, Genießen, Staunen. Manchmal meine ich fast, ich treffe solche Menschen öfters unter Nicht-Christen und Nicht-Kirchlichen an.

Die Ehre Gottes ist der lebendige Mensch. Für mich ist religiös sein,

Christsein, Mitglied einer Kirche zu sein, wichtig. Auch, weil darin und dadurch für mich Möglichkeiten angeboten werden, die meine Lebendigkeit fördern. Hier werden Dimensionen wie Eingebundensein in ein Größeres, Konkretisieren dieses Eingebundenseins durch den Glauben an Gott, den Vater Jesu Christi, die Zugehörigkeit zu einer Gemeinschaft, den Empfang der Sakramente, erfahrbar werden. Allein diese Möglichkeiten und Erfahrungsweisen müssen für mich eingebunden sein in das sonstige Leben. Sie dürfen nicht in Konkurrenz dazu treten, es gar beschneiden. Sie sind in einer gewissen Weise Ausläufer davon, sie verlängern und vertiefen diese Erfahrungen.

Die Ehre Gottes ist der lebendige Mensch. Der Seelsorger, die Seelsorgerin, der Priester, die Ordensfrau, die Menschen auf das, was über sie hinausgeht, hinweisen wollen, die Menschen den Unbegreiflichen schlechthin mit menschlichen Begriffen und Symbolen näherbringen möchten, die Menschen zusammenführen wollen, um miteinander unsere Verbundenheit mit Ihm zum Ausdruck zu bringen, zu leben und zu feiern – sie werden das letztlich nur vermögen, wenn sie lebendige Menschen sind, sie voll ja sagen zum Leben, es in sich spüren und dann auch verwirklichen. Das Leben in seinen Höhen und Tiefen, in seinem Jauchzen und Seufzen, in Ekstase und Agonie, in der Erfahrung von Lust und Schmerz, von Freude und Enttäuschung, von Dunkelheit und Licht, von Liebe und Haß.

In einem solchen Priester, einer solchen Ordensfrau, einer solchen Seelsorgerin kann ich nicht den sogenannten „Drewermannschen" Kleriker entdecken, leblose Überreste eines einst lebendigen Wesens, dem das Leben und Lieben systematisch ausgetrieben und weggenommen worden ist, der alles Persönliche, Gefühle, das eigene Innerste dem Amt unterordnen muß. In ihnen kann ich auch nicht jene Seelsorger entdecken, die „am Sonntag in abstrakten Formen der christlichen Verkündigungssprache (vor einem rapid schwindenden Publikum!) zu hören" (Drewermann 1989, 122) sind. Natürlich gibt es den „Drewermannschen Kleriker". Es gibt ihn unter Priestern, unter Ordensleuten und es gibt ihn in Ansätzen auch unter den sogenannten Laien. Allein, das Psychogramm des Klerikers, das Eugen Drewermann aufzeigt, ist nicht typisch für die Mehrheit der Kleriker, mag er auch daran festhalten, daß er jenen Kleriker ausnahmslos vorfindet, solange er – man hält die Luft an – „schraubstockartig das Terrain der Ausreden und Ausflüchte" (343) einengt, bis der „ganze mühsam errichtete Aufbau eines Menschenlebens wie ein Kartenhaus zusammenbricht".

Die Ehre Gottes ist der lebendige Mensch. Und je mehr ein Seelsorger und eine Seelsorgerin wirklich das Leben, das ganze, wahre Leben in all seinen Schattierungen in ihrem Leben zulassen, desto mehr preisen sie Gott durch ihr Leben und desto ansteckender wirken sie auf andere, ermutigen sie zum Leben und zur Lebendigkeit und werden genau darin einer grundsätzlichen Seelsorge gerecht, die im wahrsten Sinne des Wortes Grundlage jener Seelsorge sein kann, die gegenwärtig das Bild und die Art christlicher und kirchlicher Pastoral prägen.

Es ist faszinierend zu lesen, was Abraham Maslow über den sich selbstverwirklichenden Menschen schreibt. Je mehr man sich damit beschäftigt, desto deutlicher tritt da ein Mensch hervor, der in vieler Hinsicht dem Mann und der Frau entspricht, die ich mir gut als Seelsorger, Seelsorgerin, als Ordensmann oder Ordensfrau vorstellen könnte. Es ist erstaunlich, wieviel vom dem, was als Kennzeichen und Fähigkeiten des auch bewußt religiös lebenden Menschen gesehen wird, in dem sich selbstverwirklichenden Menschen offenbar wird. Er und sie vermögen deshalb auch dem Verlangen nach Spiritualität, nach etwas, das über uns hinausweist, in ihrem Leben einen wichtigen Platz einzuräumen, weil sie auch den anderen vitalen Bedürfnissen, Wünschen und Sehnsüchten in ihrem Leben gerecht werden. Die Offenheit für die spirituelle Dimension und das Verlangen nach Gipfelerfahrungen krönt sozusagen ihren Baum, der tief in den Boden hinein verwurzelt ist und weit ausladend zum Himmel ragt, danach verlangend, ihn zu berühren. Und es zeigt sich sehr schnell, daß es sich dabei nicht – was ja im Zusammenhang mit Selbstverwirkichung oft warnend erwähnt wird – um einen egoistischen, lediglich am eigenen inneren Wachstum interessierten Menschen handelt, sondern um einen Menschen, dem seine Mitmenschen und seine Umwelt viel bedeuten und der auch bereit ist, sich für sie einzusetzen.

2. DER MENSCH LEBT NICHT VOM BROT ALLEIN: DIE BEDÜRFNISHIERARCHIE DES MENSCHEN

Die Selbstverwirklichung in dem Sinne, daß man dem eigenen Wesen gegenüber wahrhaftig ist, stellt in der Bedürfnishierarchie von Abraham Maslow die oberste Stufe dar. Diesem Bedürfnis kann der Mensch dann gerecht werden, wenn zuvor andere Bedürfnisse entsprechend erfüllt worden sind.

An erster Stelle in der Bedürfnishierarchie nach Abraham Maslow (1970) stehen die sogenannten physischen beziehungsweise leiblichen Bedürfnisse, wie zum Beispiel das Bedürfnis Hunger und Durst, sowie das Bedürfnis nach Schmerzvermeidung. Heinrich Böll, der in den Nachkriegsjahren erfahren hat, was es heißt, keine Wohnung, kaum etwas zum Essen zu haben, schreibt in einem Brief aus dieser Zeit, daß „Essen und Trinken und sehr elementare Dinge – die Miete bezahlen können, die Schuhe besohlen können, sich Schuhe kaufen zu können, ungeheuer wichtige Dinge sind". Man könnte hier auch von grundlegenden biologischen Bedürfnissen sprechen. Sigmund Freud würde daher sicher auch das Bedürfnis nach genitaler Sexualität dazu zählen. Diese Bedürfnisse bezeichnet Abraham Maslow auch als niedrigere Bedürfnisse, allerdings nicht in dem Sinne, daß sie weniger wert sind. Vielmehr will er damit zum Ausdruck bringen, daß die Befriedigung dieser Bedürfnisse Voraussetzung für die Befriedigung sogenannter höherer Bedürfnisse ist („wenn Hunger zur Tür hereinkommt, fliegt die Liebe beim Fenster hinaus"). Wenn jemand zum Beispiel Hunger leidet, dann lebt er tatsächlich nur vom Brot allein, meint Abraham Maslow. Das heißt, das Stillen des Hungers ist ein so grundsätzliches Bedürfnis, daß diesem Bedürfnis alle anderen Bedürfnisse zunächst untergeordnet werden. Ist der Hunger gestillt, dann melden sich andere und höherstehende Bedürfnisse, dann ist der Mensch in der Tat nicht länger bereit, allein vom Brot zu leben.

Jetzt tauchen zunächst die Bedürfnisse nach Sicherheit, im Sinne von Stabilität, Geborgenheit, Schutz, Angstfreiheit, einer Struktur und Ordnung, Gesetz und Grenzen auf. Für diese Grundbedürfnisse gilt im Grunde genommen das gleiche, was für die physischen gilt. Sie werden solange den Menschen und sein Verlangen beherrschen, solange sie unbefriedigt bleiben, solange ihre Befriedigung unvollständig oder zweifelhaft ist. Das heißt, solange diese Bedürfnisse nicht vollständig befriedigt sind, wird der Organismus in den Dienst der Befriedigung dieser Bedürfnisse gestellt. Der gesunde und vom Glück begünstigte Erwachsene ist in unserer Kultur in seinen Sicherheitsbedürfnissen im großen und ganzen befriedigt. Wie ein satter Mensch nicht länger Hunger fühlt, fühlt sich ein sicherer Mensch nicht länger bedroht. Sicherheitsbedürfnisse zeigen sich zum Beispiel in der allgemeinen Bevorzugung von sozialer Sicherheit am Arbeitsplatz oder beim Wunsch nach einem Sparkonto und nach Versicherungen verschiedener Art. Die Tendenz zu einer Religion oder Weltanschauung, die Ordnung ins Universum bringt und die Menschen darin zu einer Art zufriedenstellendem, zusammenhängendem, sinnvollem Ganzen werden läßt, wird ebenfalls zum Teil von unserem Sicherheitsbedürfnis motiviert. Manche Erwachsenen verhalten sich in ihrem Verlangen nach Sicherheit in vieler Hinsicht wie unsichere Kinder. Ihr Sicherheitsbedürfnis findet zum Beispiel Ausdruck in der Suche nach einem Beschützer oder einer starken Persönlichkeit.

Als nächste Bedürfnisse nennt Abraham Maslow die Bedürfnisse nach Zugehörigkeit und Liebe. Mit diesen Bedürfnissen beginnen für ihn die Bedürfnisse höherer Natur. Wenn sowohl die physischen, wie die Bedürfnisse nach Sicherheit zufriedengestellt worden sind, werden die Bedürfnisse nach Liebe, Zuneigung und Zugehörigkeit auftauchen. Man wird nach liebevollen Beziehungen zu Menschen im allgemeinen hungern, also nach einem Platz in der Familie oder Gruppe, man wird sich sehr intensiv bemühen, dieses Ziel zu erreichen. Einsamkeit, Ächtung, Zurückweisung, Isolierung, Entwurzelung wird man jetzt besonders stark empfinden. Unsere größere Mobilität, der Zusammenbruch traditioneller Gruppierungen, die Verstreutheit der Familienmitglieder, die zunehmende Urbanisierung mit dem damit einhergehenden Verschwinden der im dörflichen Zusammenleben ermöglichten Nähe unter den Menschen, haben den Hunger nach Kontakt, Intimität, Zugehörigkeit, und das Bedürfnis, das weitverbreitete Gefühl der Entfremdung, Einsamkeit, Fremdheit und Verlassenheit zu überwinden, verstärkt. So sagt Martin Heidegger (1985): „All das, womit die modernen Techniken, Nachrichten, Instrumente, den Menschen stündlich reizen, überfallen und treiben – all dies ist dem Menschen heute viel näher, als das eigene Ackerfeld rings um den Hof, näher, als der Himmel über dem Land, näher als der Stundengang von Tag und Nacht, näher als Brauch und Sitte im Dorf." Jede Gesellschaft, Gemeinschaft, Gruppe muß diese Bedürfnisse nach Zugehörigkeit und Liebe – auf die eine oder andere Art – befriedigen können, wenn sie überleben und gesund bleiben will.

Ist das Bedürfnis nach Zugehörigkeit und Liebe befriedigt, zeigt sich deutlicher das Bedürfnis nach einer hohen Wertschätzung der eigenen Person und das im Sinne einer Selbstachtung und der Achtung durch andere. Es ist das Bedürfnis nach Stärke, nach Leistung, nach der Fähigkeit, etwas bewältigen zu können, nach Kompetenz und das Bedürfnis nach einem guten Ruf, nach Prestige, nach Respekt oder Hochachtung, die einem von anderen gegeben wird. Darunter fällt auch das Bedürfnis nach Status, Berühmtheit, Dominanz, Anerkennung, Aufmerksamkeit, Bedeutung, Würde und

Wertschätzung. Die Befriedigung des Bedürfnisses nach Selbstachtung führt zu Gefühlen von Selbstvertrauen und dem Gefühl, nützlich und notwendig für die Welt zu sein. Die Frustrierung dieses Bedürfnisses erweckt Gefühle der Minderwertigkeit, der Schwäche und der Hilflosigkeit. Dabei ist es wichtig, daß die Selbstachtung sich nicht auf die Meinung anderer stützt, sondern auf die wirklich erfahrene Fähigkeit und Kompetenz. Die stabilste und daher gesündeste Selbstachtung hat ihren Grund im verdienten Respekt und nicht in äußerem Ruhm und unverdienter Bewunderung.

3. SELBST-VERWIRKLICHUNG: GEGENÜBER DEM EIGENEN WESEN WAHRHAFTIG SEIN

Das Bedürfnis, das in der Bedürfnishierarchie von Abraham Maslow an die höchste Stelle gerückt wird, ist das Bedürfnis nach Selbstverwirklichung. Was jemand sein kann, muß er sein. Er muß gegenüber seinem Wesen wahrhaftig sein. „Ein Musiker muß Musik machen, ein Künstler muß malen, ein Dichter muß schreiben, will er letztlich mit sich selbst in Frieden leben" (1970, 46).
Das erinnert an Aussagen von Thomas Merton (in: Hoffmann-Herreros 1992, 56): „Heiligkeit bedeutet: sich selbst finden und ausfalten. Wer nicht er selber wird, hat nicht gelebt." Selbstverwirklichung meint bei Abraham Maslow das Verlangen nach Selbsterfüllung, das, was jemand an Möglichkeiten besitzt, zu aktualisieren und zu verwirklichen. Es ist das Verlangen, mehr und mehr das zu werden, was meiner Wesensart entspricht, alles zu werden, was zu werden ich fähig bin (vgl. 46).
Bei dem sich selbstverwirklichenden Menschen handelt es sich um jemand, der das, was in ihm angelegt ist, in ihm steckt, wie selbstverständlich zuläßt. Es sind die Personen, die die eigene Entfaltung, das eigene innere Wachstum fördern, ihm letztlich vor allem anderen den Vorrang einräumen. Nicht auf Kosten der anderen und nicht

unter Vernachlässigung von ihnen, so sehr das als negative Begleiterscheinung immer wieder bei einigen auftreten mag. Es geht ihnen darum, das in ihnen liegende Potential, ja ihr Selbst zur Entfaltung zu bringen und den natürlichen und selbstverständlichen Prozeß dieses Wachstums zu unterstützen. Sie wollen einer normalen Entwicklung und Entfaltung Vorschub leisten, ihr nichts in den Weg stellen.

Sich bejahen und annehmen

Diese Personen verfügen über ein gesundes Selbstwertgefühl, die Fähigkeit sich zu bejahen, so wie sie sind – mit ihren Talenten und Begrenzungen. Damit einher geht die Bereitschaft und Fähigkeit, die Welt um sich so zu sehen, wie sie wirklich ist. Sie müssen keine Brille tragen, durch die die Welt ihren Vorstellungen entsprechend getönt erscheint. Sie geben sich auch so, wie sie sind und haben es nicht nötig, anderen etwas vorzumachen. Sie fühlen sich schuldig, empfinden Scham, wenn der Grund dafür wirklich etwas mit ihnen zu tun hat. Sie belasten sich aber nicht mit Schuldgefühlen, deren Ursache außerhalb ihrer Möglichkeiten und Verantwortung liegt.
Jene Personen verhalten sich spontan, sowohl in ihrem äußeren Verhalten, als auch im Zulassen ihrer Gedanken, Gefühle und Impulse. Sie sind interessiert an Problemstellungen außerhalb von ihnen und fühlen sich verantwortlich, sich dafür zu engagieren. Zugleich können sie, ohne daß das seelisch gesehen ihnen zum Schaden gereicht oder Unzufriedenheit erzeugt, allein sein. Ja sie schätzen das Alleinsein und die Privatheit. Sie sind nicht konform, besitzen aber auch die Fähigkeit, sich auf gesellschaftliche Gepflogenheiten einzustellen, ohne sich dabei zu vergewaltigen und zu verstellen. Vor allem aber sind es Personen, die zunehmend unabhängig sind von der Zuwendung anderer und den Interessen anderer für sie. Ehrerbietungen, Prestige, Status, Popularität, sind für sie weniger wichtig als die Förderung des eigenen inneren Wachsens. Dabei ist

allerdings zu beachten, daß die relative Unabhängigkeit von Liebe und Respekt durch andere in vielen Fällen nur deshalb möglich ist, weil sie davon in der Vergangenheit viel empfangen haben.

Sich wundern können und fähig sein für Gipfelerfahrungen

Ein weiteres Kennzeichen der ihr Selbst verwirklichenden Personen ist die wunderbare Fähigkeit, immer wieder frisch und geradezu naiv, die grundsätzlichen schönen Dinge des Lebens staunend, mit Lust, sich wundernd und sogar ekstatisch neu zu erfahren (Maslow, 1970, 163). Für eine solche Person, so Abraham Maslow, mag jeder Sonnenuntergang so schön sein wie der erste Sonnenuntergang, den sie erlebt hat, und jede Blume von atemberaubender Schönheit, obwohl sie eine Million Blumen gesehen hat. Aus der Grunderfahrung des Lebens erwachsen ihr Ekstase, Inspiration und Stärke. Die Fähigkeit zu Gipfelerfahrungen zeichnet viele Personen, die zu der Gruppe der sich selbstverwirklichenden Menschen zählen, aus. Unter Gipfelerfahrungen versteht Abraham Maslow mystische Erfahrungen, Erfahrungen, die von denen, die sie erfahren, in der gleichen Weise beschrieben werden wie Orgasmus-Erfahrungen. Erfahrungen von grenzenlosen Horizonten, die Visionen ermöglichen; das Gefühl, sich so mächtig und zur gleichen Zeit sich so ohnmächtig wie nie zuvor zu erleben; das Gefühl von einmaliger Ekstase, Wunder und Schauer; der Verlust von Gefühl für Zeit und Raum und schließlich die Überzeugung, daß etwas so außerordentlich Wichtiges und Wertvolles geschehen ist, daß jener, der das erfährt, dadurch in seinem Alltag verwandelt und gestärkt wird.

Zuneigung und Sorge für andere empfinden

Weiter empfinden sie ein tiefes Gefühl von Identifikation, Sympathie und Zuneigung für die Menschheit. Abraham Maslow spricht, Alfred Adler zitierend, von einem Gemeinschaftsgefühl, das diese

Personen kennen. Dieses Gemeinschaftsgefühl kommt auch in einem echten Verlangen, den Mitmenschen zu helfen, zum Ausdruck. Sie pflegen tiefe und bedeutungsvolle Beziehungen zu anderen Personen, die, da sie sich durch ihre Tiefe von oberflächlichen Beziehungen unterscheiden, in der Regel auf einige wenige begrenzt bleiben. Sie sind offen für neues Lernen und in der Weise demütig, als sie die Begrenztheit ihres Wissens und Könnens kennen.

Es sind weiter Personen, die, so Abraham Maslow, auf Gottes Pfad wandeln, in dem Sinne, daß sie klare ethische Vorstellungen haben und ein klares Verständnis von dem, was richtig und falsch ist, wobei sie sich darin von konventionellen Vorstellungen unterscheiden. Für Maslow sind es religiöse Menschen, jetzt nicht unbedingt im Sinne von organisierter Religionsgemeinschaft oder bezogen auf den Glauben an einen Gott, sondern von ihrem sozialen Verhalten her gesehen.

Sie zeichnet ein Humor der eher leisen Art aus, der sich weniger im lauten Lachen denn im Lächeln zeigt und der bei Anwesenheit der Fähigkeit, die Dinge ernst zu nehmen, den, der ihn besitzt, in die Lage versetzt, sich, die eigene Arbeit und auch die Welt um sich herum, nicht zu ernst zu nehmen. Mit sich, seiner Arbeit, der Welt in eine gesunde Distanz treten zu können – auch das gehört zu der von Abraham Maslow beschriebenen psychisch gesunden Person. Weiter gehört zu ihr eine kreative Ader, wie sie unverdorbenen Kindern eigen ist. Es ist die Fähigkeit, auf eine frische, naive, direkte Weise das Leben zu sehen. „Was immer man tut, kann man mit einer bestimmten Einstellung, einem bestimmten Geist tun, der dem Wesenscharakter der Person, die etwas ausführt, entspringt. Man vermag dann sogar wie ein Kind kreativ zu sehen" (171).

Kopf und Herz gehen zusammen

Und dann stellt Abraham Maslow nüchtern und bestimmt zugleich fest, daß es keine vollkommenen Menschen gibt – auch unter denjenigen, die mehr als andere das, was in ihnen angelegt ist, entfalten und verwirklichen. Er rechnet mit den Dichtern und Romanschriftstellern ab, die zuweilen ein Bild vom Menschen entwerfen, das letztlich zur Karikatur entartet, so daß niemand diesem Menschen ähnlich werden will. „Die Wünsche des einzelnen nach Vollkommenheit und die Schuld- und Schamgefühle darüber, diese Vollkommenheit nicht zu erlangen, werden auf verschiedene Personen-Gruppen projiziert, von denen dann der Durchschnittsbürger weit mehr erwartet als er selbst zu geben bereit ist" (175). Zu dieser Gruppe zählt Abraham Maslow die Lehrer und die Seelsorger, die als ziemlich freudlose Personen empfunden werden, denen weltliche Wünsche fremd sind und die keine Fehler haben. Dem stellt er – auch unter der Gruppe jener Personen, die in besonderem Maße sich selbst verwirklichen –, seine Untersuchungsergebnisse gegenüber, wonach viele sehr wohl alles andere als vollkommen sind. Auch sie kennen dumme, verschwenderische, unvernünftige Gepflogenheiten. Sie können langweilig, stur, irritierend, eigensüchtig, wütend und deprimiert sein. Um uns vor Enttäuschungen bezogen auf die menschliche Natur zu bewahren, müssen wir, so Abraham Maslow, zunächst unsere Illusionen darüber aufgeben.

Die von Abraham Maslow beschriebenen gesunden Menschen vermögen anscheinend, sich ausschließende Gegensätze zu verbinden und zu integrieren. Kopf und Herz, Vernunft und Instinkte gehen bei ihnen zusammen. Sie sind selbstbezogen und zugleich uneigennützig, sie sind sehr spirituell und sinnlich, bis dahin, daß für sie die Sexualität einen Weg zum Spirituellen und Religiösen darstellt. Pflicht bedeutet für sie nicht das Gegenteil von Spaß, sondern Pflicht kann Vergnügen, Arbeit, Spiel bedeuten. Reif sein und kindlich sein gehen Arm in Arm miteinander. Moralische Verhalten und Lusterfahrungen schließen sich bei ihnen nicht aus. Psychoanalytisch ausgedrückt arbeitet bei ihnen Ich, Es und Über-Ich zusammen. Sie bekriegen sich nicht und gehen nicht – wie bei psychisch kranken Menschen – unterschiedlichen Interessen nach. Bei diesen Menschen befinden sich die Wünsche und Sehnsüchte in Einklang mit der Vernunft. So steht Abraham Maslow in diesem Zusammenhang nicht an, die Aussage des Hl. Augustinus: „Liebe Gott und dann tu, was du willst", mit den Worten zu übersetzen: „Sei gesund und du kannst deinen Impulsen, deinem Verlangen trauen."

4. Selbst-Verwirklichung: Durch Die Hölle Zum Himmel

Dieser gesunde, lebendige Mensch zu werden und zu sein ist kein Spaziergang. Es ist nicht die reine Freude. Es meint, die mitunter brutale Wirklichkeit des Lebens zuzulassen und auszuhalten. Lebendiger Mensch zu sein, das kann ich nur, wenn ich auch den Schmerz zulasse, ihn nicht vorschnell vermeide. Es kann heißen, mein Kreuz auf mich zu nehmen und es zu tragen und zu ertragen.

Es durchzuckt mich daher ein Aufschrei, wenn ich einen bekannten Schlagersänger trällern höre, daß er sich nach der Liebe pur sehnt. Ich weiß nicht, was er sich darunter vorstellt. Ich fantasiere aber, daß er die reine Liebe meint, die nur zärtlich, wohltuend, erhaben ist, die Schmerz, Trauer, Enttäuschung, Verzweiflung nicht kennt. Das erinnert mich an Priester oder Therapeuten, die den Eindruck erwecken, daß ein spiritueller Weg, ein psychotherapeutischer Prozeß eine softe Angelegenheit sei, bei der man sich die Hände nicht schmutzig macht, wo es möglich ist, direkt, unmittelbar Glückseligkeit zu erlangen oder den Himmel zu erreichen. Allein, „Menschen erreichen den Himmel nur über die Hölle... Selbst für einen rein weltlichen Himmel gilt das. Poincaré zum Beispiel müht sich Wochen und Monate ab, geht durch Phasen von Depression und Hoffnungslosigkeit, macht sich aber dann wieder daran, und gelangt schließlich durch die Hölle zu einer neuen Entdeckung in der Mathematik, den ‚Himmel' seiner Lösung des Problems, dem er sich gestellt hat ... Die Agonie, das Erschrecken, die Traurigkeit sind notwendiges Präludium für die Selbst-Wahrnehmung und die

Selbst-Erfüllung. In Europa gehen viele Menschen am Karfreitag in die Kirche, um das Zeugnis zu hören, daß Jesus gekreuzigt wurde, denn sie wissen, dem Aufgang in den Himmel geht der Tod auf Erden voraus" (May, 1991, 166).

5. LEID, TOD UND SELBST-VERWIRKLICHUNG

Heute während des Frühstücks ist ein Bulldozer am Strand entlang gefahren, hat den Sand gleichmäßig verteilt und die vom Meer herangespülten Algen beseitigt. Mir fiel sofort das Titelbild der Süddeutschen Zeitung vor einigen Tagen ein: ein riesiger Bulldozer, der die nur unzulänglich in Lumpen verhüllten Leichen von Menschen aus Ruanda auf einen Haufen zusammenschob. Darunter stand: „Durch verstärkten Bulldozereinsatz ist es gelungen, alle Toten in Massengräbern zu begraben – damit konnte ein Seuchenherd beseitigt werden."

Die Ehre Gottes ist der lebendige Mensch. Immer wieder komme ich darauf zu sprechen. Und ich verweise darauf, wie wichtig die Selbst-Verwirklichung ist und daß Heiligkeit bedeutet, dem eigenen Selbst zur Entfaltung zu verhelfen. Wie kann ich fortfahren, das zu tun, in der tagtäglichen Auseinandersetzung mit den Nachrichten und Bildern, die mich aus Ruanda erreichen? Massenweise sterben dort tagtäglich Menschen, verhungern oder werden von Seuchen dahingerafft. „Die Ehre Gottes ist der lebendige Mensch", Selbst-Verwirklichung und Heiligkeit – muß das nicht wie ein Hohn klingen angesichts dieser Situation? All das, was ich hier dazu sage, gilt doch in gleicher Weise für jeden von diesen Menschen, die täglich unter erbärmlichen Umständen umkommen. Nur dann, wenn es für jeden von ihnen gilt, hat das, was ich dazu sage, eine Bedeutung und Berechtigung.

Ich spüre, daß es mir schwer fällt, mich dem zu stellen. Und immer wieder entdecke ich auch, wie ich die Berichte aus Ruanda schnell überblättere oder überlese, ich innerlich zumache. Manchmal spreche ich auch in meinem Herzen ein kurzes Gebet für die Menschen, lasse mich für einige Momente darauf ein, mir zu vergegenwärtigen, was in ihnen vor sich gehen mag. Doch die Neigung zu verdrängen ist groß. Habe ich Angst, daß es mich innerlich zerreißt, wenn ich mich wirklich auf ihre Ausweglosigkeit, ihre Hoffnungslosigkeit, ihr dem Tod Ausgeliefertsein einlasse? Oder scheue ich mich einfach davor, mich davon herausfordern zu lassen, mich dem zu stellen, was das für mich heißt?

Die Ehre Gottes ist der lebendige Mensch. Ich merke, wie ich stutze. Ich werde argwöhnisch. Und ich erinnere mich, wie ich einmal versuchte, herauszufinden, was Abraham Maslow, der so viel über den sich selbst verwirklichenden Menschen geschrieben hat, über Leid und Tod schreibt, und ich erstaunt war, wie wenig ich – auch wenn ich nicht alles von ihm kenne –, dazu bei ihm gefunden habe. Und ich merke, daß das, was er zu dem sich selbst verwirklichenden Menschen zu sagen hat, nur bestehen kann, wenn das ganz konkrete Leid, der Tod, das massenhafte Dahinsterben von Menschen dabei nicht ausgeblendet wird.

Die Ehre Gottes ist der lebendige Mensch. Der Weg der Selbst-Entfaltung ist mit Leid, Schmerz, Sterben verbunden. Es ist freilich ein psychisches Sterben, ein Abschied nehmen, ein Kreuz auf sich nehmen, ein Besteigen des Golgotha, ein Gekreuzigt-Werden, um ins Weite zu gelangen, um erlöst zu werden, aufzuerstehen. In all dem kommt Leben zum Ausdruck, vollzieht sich Menschwerdung.

Und auch da, wo dieser Tod, die Kreuzigung nicht nur psychisch, sondern brutal und radikal direkt, dem einzelnen Menschen widerfährt, ist dieser Mensch aufgehoben und eingeschlossen in diesem Prozeß, dieser Bewegung, die ihn zu seiner Heiligung führt. Seine Selbstverwirklichung mag jäh unterbrochen, ihrer im irdischen Leben gegebenen Möglichkeiten beraubt worden sein. Und da gilt es nichts zu beschönigen. Das kann einen jähen Einschnitt, Abbruch bedeuten. Die eigentlich im Menschen angelegte und ihm letztlich zugedachte Entfaltung wird abgebrochen. Das gilt vor allem dann, wenn ein junger Mensch, wenn Menschen im besten Alter durch Katastrophen, Unfall, Krankheit aus dem Leben gerissen werden.

Im Tod selbst ist aber auch ein selbstverständlicher Teil von Selbstverwirklichung gegeben. Auf ihn läuft die Selbstverwirklichung hin. In ihm vollendet sie sich. Ich werde erst dann mein wahres Ich finden, wenn ich Gott finde, sagt Thomas Merton (1951, 28). Gott kann ich aber erst dann ganz finden, wenn ich durch den Tod eins mit ihm geworden bin oder besser im Tod mir die Augen und das Herz so weit geöffnet worden sind, daß ich ihn wahrhaft erkennen, damit aber auch *mich* endlich wahrhaft erkennen kann. Jetzt, da ich Gott erkannt habe, entfaltet sich mein Selbst in seiner ganzen Pracht, Herrlichkeit und Heiligkeit und preist in dieser Lebendigkeit Gott, gereicht ihm darin zur Ehre.

Und wieder kommen mir die Leichenhaufen aus Ruanda, die mich an die Leichenhaufen von Konzentrationslagern erinnern, in den Sinn, und ich stoße auf den Satz bei Thomas Merton (30f.): „Es ist wahr, daß Gott sich in allen Dingen der Welt erkennt. Er sieht sie und weil er sie sieht, sind sie. Weil er sie liebt, sind sie gut. Seine Liebe in ihnen ist das in ihnen wohnende Gute. Der Wert, den er in ihnen sieht, ist ihr Wert. In dem Maße wie er sie sieht und liebt, sind alle Dinge sein Spiegel." Gott erkennt sich auch in dem unsäglichen Elend der Menschen in Ruanda. Sie sind sein Spiegel. Er wohnt in ihnen. Er heißt sie gut, heiligt sie, vollendet sie, wird durch sie vollendet. Die Ehre Gottes ist der lebendige Mensch. In den Menschen von Ruanda erkennt sich Gott in seiner Erniedrigung, seinem Todesschrei und seinem Sterben am Kreuz. Wenn wir in diesen Tagen auf die Menschen in Ruanda blicken, blicken wir auf das Kreuz, an dem vor unseren Augen mit den Menschen von Ruanda Jesus, der menschgewordene Gott, stirbt.

Ich will nichts beschönigen. Es fällt mir schwer, angesichts der Katastrophe in Ruanda unbefangen und selbstverständlich von

Selbstverwirklichung zu sprechen. Und diese Zurückhaltung scheint mir auch angemessen zu sein. Nicht, daß ich das, was ich dazu zu sagen habe, zurücknehmen möchte. Ich stehe dazu. Ich bin aber vielleicht noch sensibler dafür, daß auch unserer Selbstverwirklichung Grenzen gesetzt sind, unsere Menschwerdung inneren und äußeren Prozessen ausgesetzt ist, die zu unserem Heil und Segen und zu unserem Unheil und Schaden gereichen können.

Es ist wahr,
daß Gott sich in allen Dingen der Welt erkennt
sie sind sein Spiegel
es fällt mir leicht
das zu glauben
wenn ich vor der Kathedrale von Ibiza
auf das sagenhaft schöne Hafenpanorama vor mir schaue
durch die engen, pittoresken Gassen schlendere
im Herzen von Eularia
umgeben von Palmen und schnatternden älteren spanischen Damen
ein Glas Milchkaffee genieße
ja, Thomas Merton,
ich stimme dir zu:

„Dieser Baum da singt das Lob Gottes,
indem er seine Wurzeln im Erdreich ausbreitet
und seine Äste
in die Luft und das Licht erhebt
auf eine Weise,
wie es kein anderer Baum
vor oder nach ihm
je getan hat oder tun wird."

ja, du bist ein Spiegel Gottes

„Der besondere Reiz dieses jungen Fohlens
auf diesem Acker unter diesen Wolken
verkörpert eine durch Gottes eigene Schöpferkunst
geweihte Heiligkeit
und verkündet
die Ehre Gottes.
Die roten Blätter hier vor dem Fenster
sind etwas Heiliges.
Die gelben Blümlein,
die unbeachtet am Wegrand sprießen,
schauen wie Heilige
in Gottes Angesicht empor …
Und der große, zerrissene, halbnackte Berg
ist auch ein Heiliger Gottes.
Es gibt keinen, der ihm gliche.
Sein Charakter gehört ihm allein;
nichts sonst in der Welt
war jemals auf genau gleiche Weise
Abbild Gottes
oder wird es sein.
Und das ist
seine Heiligkeit."

In euch kommt Gottes Herrlichkeit zum Ausdruck
wie in all den vielen Menschen,
die mich augenblicklich umgeben
Touristen, Einheimische
die immer noch schnatternden Spanierinnen
leicht bekleidete junge Menschen
spielende Kinder
gemächlich diskutierende alte Männer
und dann sehe ich sie wieder
zu Tausenden auf der Flucht

erschöpft, sterbend, tot am Wegrand liegend
verzweifelte, angstverzerrte, hoffnungslose Gesichter
tote Menschen aufgetürmt zu Haufen

Und ich schaue in Dein Gesicht
erkenne Dich in all dem
und so weh das tut
es tröstet mich
und jetzt, erst jetzt
wage ich zu bitten und zu beten
zunächst nur flüsternd
mit erstickter Stimme
voller Traurigkeit
dann immer lauter werdend
all meine eigene Hoffnungslosigkeit und Ohnmacht
meine Wut und Empörung zulassend
voll Zittern und Beben
bis ich nur noch
mal weinen, mal schluchzen
mal schreien kann:

„Neige, Dein Ohr, Herr, und höre,
öffne Deine Augen und sieh!
Denn nicht die Toten in der Unterwelt
erweisen Dir Ehre und Anerkennung;
der Geist ist ja aus ihrem Innern fortgenommen.
Der lebendige Mensch
in seinem elenden Zustand,
der Geist, der gebeugt und schwach einhergeht,
die matten Augen und die hungernde Seele:
Sie preisen Deine Ehre und Gerechtigkeit,
o Herr."

Baruch 2,17f.

6. Mein Eigenes Wesen Im Anderen Menschen Suchen

Welch eine Lebendigkeit. Die Vorhalle der Kirche zu San Carlos auf Ibiza hallt nur so wider von den lauten Gesprächen, die die Menschen nach dem Gottesdienst miteinander verbinden. Sie stehen in Gruppen zusammen und reden darauf los. Von hier geht eine Lebendigkeit und Dynamik aus, die erfrischend ist. Es ist das erste Mal, daß ich während unseres zweiwöchigen Aufenthaltes auf Ibiza bewußt „einfache" Inselbewohner kennenlerne. Die alten Frauen, eingepackt in ihren weitumspannenden, dunklen Faltenröcken, ihr Haar in einem Zöpflein mit Schleife zusammengefaßt, sind zwar schwarz gekleidet, doch auch wenn die Reiseleiterin vor einigen Tagen meinte, daß sei Ausdruck der traurigen Gesinnung der Ibizenkerinnen, spüre ich bei diesen Frauen nichts davon. Sie strahlen eine große Wachheit aus, ja eine Freude. Sie gehen aufeinander zu, lachen miteinander, und immer wieder berühren sie sich gegenseitig, küssen sich links und rechts auf die Backen, fassen aufmunternd und bestärkend die Hände und Arme der anderen an.

„Ich muß mein selbst eigenes Wesen suchen, aber nicht nur in Gott, sondern auch in anderen Menschen. Ich werde nie im Stande sein, mich selbst zu finden, wenn ich mich von der übrigen Menschheit absondere, als sei ich eine andere Art von Wesen" (Merton 1951, 41). Selbstverwirklichung kann nicht am anderen Menschen vorbei geschehen. Sie kann nur im Miteinander, in der gegenseitigen Bereicherung und der Auseinandersetzung miteinander zur Fülle gebracht werden. Das bleibt die große Herausforderung, für manche der Stachel, die meinen Selbstverwirklichung hieße, sich in die eigene Tiefe zu versenken, ganz bei sich zu bleiben und dem eigenen Selbst von innen heraus die ihm zukommende und gemäße Entfaltung zu ermöglichen. Hier gilt für die Selbstverwirklichung, was Thomas Merton von der Gottesfindung schreibt, die für ihn Voraussetzung für die wahre Selbstfindung und Selbstverwirklichung ist, wobei für ihn es Gott vorbehalten ist, mich dahin zu führen, indem er sich mit mir identifiziert und ich mich in ihn verlierend zu meiner wahren Selbsteigenheit gelange. Für Thomas Merton (1951, 47) ist es eine der schlimmsten Täuschungen, „Gott dadurch finden zu wollen, daß du dich in deiner eigenen Seele verbarrikadierst, alle äußere Realität mittels reiner Konzentration und Willenskraft ausschließest, dich von der Welt und den Menschen absonderst, indem du dich in deinem eigenen Geist verrammelst und dich gleich einer Schildkröte in deine Schale zurückziehst".

Die Menschen, die jetzt die Vorhalle der Kirche in San Carlos nur so dröhnen lassen, sind hierher, in dieses Gotteshaus gekommen, um miteinander Maria Himmelfahrt zu feiern. Ich vermag nicht in ihr Herz zu schauen, aber ich habe nicht den Eindruck, daß sie nur aus Gewohnheit hierher gekommen sind. Sie treffen sich hier, sind eingefaßt in diesen Raum, ausgerichtet auf den Altar, auf das, was dort geschieht, hören auf Gottes Wort, lauschen den natürlich – etwas derb – klingenden Zwischengesängen, vorgetragen von Frauen und Männern dieser Gegend. Sie sind nicht in der Bar Anita zusammengekommen, direkt gegenüber der Kirche, die zu einem erfrischenden Trunk im schattigen Vorhof einlädt. Sie sind zusammengekommen, um das Brot des Lebens miteinander zu teilen.

Miteinander, mit den Verwandten, den Kindern, dem Fremden, der beim Friedensgruß von allen Seiten mit einem teils frohen, teils schüchternen, auf alle Fälle willkommen signalisierenden Handdruck zum Gast wird, der spätestens jetzt auch spürt dazuzugehören.

Ich weiß nicht, wieviel Gedanken sich die Männer und Frauen, die hier versammelt sind, über Menschwerdung und Selbstverwirklichung gemacht haben. Ich sehe und erlebe Menschen, die lebendig sind, die sich etwas zu sagen haben, etwas ausstrahlen, was von jenen, die sich abgekapselt und zurückgezogen in ihrem Selbst, auf dem langen Weg der Selbstfindung nicht ausgehen wird, bis sie von ihrem Weg in die Tiefe zurückkehren, die sie einschließende Kapsel sprengen, den Weg und den Zugang zum andern finden, um endlich durch das Tor zu treten, das sie der ersehnten Selbstverwirklichung näherbringt.

4. KAPITEL

FÜR MEHR LEBENDIGKEIT IN RELIGIÖSEN GEMEINSCHAFTEN

1. LEBENDIGE BEZIEHUNG ZWISCHEN REGEL UND MENSCH

Im Recollectio-Haus der Abtei Münsterschwarzach, einem Haus für Priester und Ordensleute, die hier für drei Monate psychotherapeutisch und spirituell begleitet werden, gibt es so etwas wie einen Rahmen, den ich auch gerne mit der Tora vergleiche. Es ist ein Rahmen, der als Einladung zu verstehen ist, in dem Sinne: Wenn du dich auf mich einläßt, mich gleichsam wie ein Geländer benutzt, dann führe ich dich und begleite ich dich auf einem Weg, der dir gut tun wird, der dich weiterbringt, der dich noch näher bringt an das, wonach es dich im Tiefsten verlangt.

Im Recollectio-Haus ist das vornehmlich ein psychotherapeutisch-spirituelles Ziel, nämlich, jemanden wieder mehr mit dem, was eigentlich in ihm, in ihr steckt, in Berührung zu bringen. Die Gäste lernen, sich wieder mehr von sich selbst bestimmen und formen zu lassen. Auch, aus der Hoffnung und Überzeugung heraus, daß darin in besonderer Weise zum Ausdruck kommt, wozu Gott den einzelnen und die einzelne bestimmt hat, wie er ihn, sie formen und gestalten will.

Als Leiter des Recollectio-Hauses und Psychotherapeut spüre ich: Es ist für mich wichtig, daß sich die Gäste an den Rahmen halten, sich an ihm orientieren und ihn nicht „sprengen". Das Einhalten des Rahmens ist für mich so etwas wie eine Garantie dafür, daß das, was von unserer und meiner Seite her für eine Verbesserung der

Situation des Gastes, gar seiner Heilung, getan werden kann, so gut wie möglich geschieht. Weiter merke ich, daß ich unruhig werde, wenn der Rahmen nicht eingehalten wird, wenn der eine hier, die andere dort versucht, ein Schlupfloch zu finden, das es ermöglicht, den Rahmen zu verlassen. Für mich heißt das, hellhörig sein, genauer hinzuschauen, was das für die einzelnen bedeutet. Es verlangt von mir, das gegenüber den Betreffenden zur Sprache zu bringen, sich mit ihnen auseinanderzusetzen. Ihnen zu helfen, wieder in den Rahmen einzuschwingen oder aber, können sie das letztlich nicht, sie mit den daraus resultierenden Konsequenzen zu konfrontieren. Weiter bin ich aber in einer solchen Situation immer wieder herausgerufen, zu überprüfen, ob der Rahmen der Korrektur bedarf, ob er insgesamt wirklich für das taugt, gar optimal ist, für das er dienen sollte.

Was ich hier mit Rahmen bezeichne, steht beispielsweise bei einer Ordensgemeinschaft für die Ordensregeln, bei einer Religionsgemeinschaft für ihre Regeln und Gebote. Es steht für das, was durch diese Regeln verwirklicht werden soll, was mit ihrer Hilfe nach Möglichkeit am besten verwirklicht werden soll. Dieser Rahmen steht für die Ziele, die Leit- und Grundsätze, die Ideale, die sich zum Beispiel eine Ordens- oder Religionsgemeinschaft, eine Kirche gesetzt hat. Es sind Regeln und Ideale, die oft eine lange Geschichte, oft auch eine Entwicklungsgeschichte kennen, die einen großen Stellenwert besitzen, ja, die oft auch eine Aura des Ehrwürdigen, wenn nicht gar Heiligen und Unantastbaren umgibt.

Diese Regeln sind dann auch so etwas wie eine Richtschnur, an der sich der Weg derer, die sich diesen Idealen und Regeln verschrieben haben, orientieren soll. Die Scheu an dieser Richtschnur etwas zu verändern, ist verständlicherweise sehr groß. Der Respekt vor den Gründeridealen, dem heiligen Anfang, der Tradition, trägt zu dieser Zurückhaltung ebenso bei wie die Angst, durch Veränderungen, von der Mitte, der Ursprungsidee abzudriften, es sich zu einfach zu machen, sich zu sehr dem Zeitgeist oder individuellen Bedürfnissen anzupassen. Oder die Überzeugung, in dieser Regel so etwas wie die Tora gefunden zu haben, die zum Heil führt, mag so stark sein, daß alle Versuche einer möglichen Veränderung daran abprallen.

Und dennoch, wenn es mir um die Heiligkeit des einzelnen geht, wenn es mir wirklich darum geht, wie Thomas Merton Heiligkeit ausbuchstabiert, ihm dazu zu verhelfen, daß er noch mehr die Person wird, die zu werden er berufen und bestimmt ist, dann schließt das mit ein, daß auch die Ideale und Regeln sich immer wieder dem lebendigen Prozeß jener Auseinandersetzung stellen müssen, bei der nicht von vorneherein diese Regeln wie eine unberührbare heilige Kuh behandelt werden, sondern es gilt rückhaltlos aufzuzeigen, inwieweit das Leben nach den Regeln und der ihnen zugrundeliegenden Ideale zum Heil, zur Heiligung der davon betroffenen Menschen beiträgt oder aber möglicherweise deren Heil, deren Heiligung beeinträchtigt. Daß es auch diesen negativen Einfluß von Regeln gibt, das wissen wir, und viele haben es am eigenen Leib und an der eigenen Seele erfahren.

Ideale und Regeln aber, die nicht zum Heil und der Heiligung der und des einzelnen beitragen, die damit nicht der einzelnen gerecht werden, die der menschlichen Situation nicht gerecht werden, die nicht zur Vertiefung der Beziehung zu Gott beitragen, die körperlich und seelisch krank machen, die die Einzigartigkeit der einzelnen aufzuheben versuchen, die die Selbstannahme, die Wertschätzung, Liebe und Hochschätzung jeder Person zu sich selbst schwächen, statt sie zu stärken, sind untragbar und können letztlich auch nicht unter den Augen Gottes bestehen.

Um dem einzelnen wirklich gerecht zu werden, um wirklich zu seinem Heil und zu seiner Heiligung beizutragen, ist es wichtig, auch das anscheinend Unantastbare, die Ideale, die Regeln in Frage zu stellen, immer wieder hinzuschauen, hinzuhören, hinzulauschen, durch was, worin Gott tatsächlich zu uns spricht, auf welche Weise er uns mitteilt, wo es lang gehen soll. Der Hl. Gregor spricht von dem Christen als einem Instrument, das vom Heiligen Geist gespielt wird. Damit es vom Heiligen Geist gespielt werden kann, ist es wichtig, daß es so gestimmt ist, daß es sich in Einklang befindet mit der vom Heiligen Geist vorgegebenen Melodie. Das wird aber nicht dadurch erreicht werden, daß zum Beispiel die Saiten immer stärker angespannt werden, bis sie jäh zerreißen. Das wird nur dann möglich sein, wenn sehr behutsam mit diesem Instrument Mensch umgegangen wird, damit jener Ton gefunden werden kann, den der Heilige Geist sich wünscht: die Melodie der göttlichen Liebe, die zu singen wir geschaffen worden sind im Angesicht unseres himmlischen Vaters – so Thomas Merton. Das aber geschieht nicht durch einen Gewaltakt. Das ist ein feines, vorsichtiges Versuchen, Herausfinden. Und es bedarf des Hinhörens, des Hinspürens, des Hinlauschens.

Das ist auch die Art und Weise, die letztlich den Regeln gemäß ist. Auch sie müssen sich immer hinterfragen lassen, inwieweit sie dazu beitragen, daß die Menschen, die sich von ihnen leiten lassen, zu der Melodie finden, die zu singen sie geschaffen und berufen worden sind.

2. Lebendige Beziehung Zwischen Den Einzelnen Mitgliedern Einer Gemeinschaft

Was ich von der lebendigen Beziehung zwischen der Regel einer Gemeinschaft und den einzelnen Mitgliedern der Gemeinschaft sage, gilt genauso, wenn nicht sogar noch mehr, für die Beziehung zwischen den einzelnen Mitgliedern einer religiösen Gemeinschaft. Wenn man wirklich hinhört, was manche Ordensfrauen und -männer über ihre Erfahrung in ihrer Gemeinschaft sagen, dann erschrickt man. Denn, was sie zu berichten haben, erinnert nicht an eine Gemeinschaft, die lebt, die sich als ein Ja zum Leben versteht, sondern an Menschen, deren Lebensgeist weggenommen worden ist.

In einer Umgebung zu leben, die zu 98% aus Frauen besteht, erlebe ich als steril. Ich verspüre in mir eine große Sehnsucht nach wirklichem Leben.

Alles ist so furchtbar ordentlich und steril in unserem Kloster. Die Erfüllung der Formalitäten ist wichtig, aber ich begegne tagein, tagaus niemandem wirklich. Ich weiß nicht, was ich sage, aber es ist so. Oh Gott, es ist tot dort, und ich bin auch tot.

Ich fühle mich so unheimlich einsam, aber ich weiß mir nicht zu helfen und weiß nicht, an wen ich mich wenden könnte.

Ich erlebe meine Gemeinschaft nicht als eine lebensspendende Erfahrung.

Irgendwie vermag ich meine Angst nicht abzuwerfen. Ich bin ständig voller Furcht.

Tief in mir spüre ich ein großes Mißtrauen gegenüber meinen Mitschwestern. Ich habe immer das Gefühl, daß sie mich bewerten.

Eine Schwester, die enttäuscht von ihrer Gemeinschaft ist und voll Ärger steckt, sagt: Richtig deutlich wurde mir, daß ich mich hier nicht wohlfühle, als wir uns neulich zu einer Konferenz trafen. Ich schaute mich um und erblickte einige hundert Schwestern. Und überall erweckten die Gesichter einen müden Eindruck. Daraufhin schaute ich sehr sorgfältig mich selbst an und stellte fest, daß ich genauso aussah. Ich will nicht länger so leben.
Mehr und mehr lehne ich den Zölibat ab. Ich verstehe ihn nicht mehr. Nicht, daß ich heiraten möchte. Nein. Ich will Gott und den Menschen dienen. Aber da ist etwas, das ich unendlich vermisse. Da gibt es einen Mann, der mich liebt. Wir haben nichts getan, das unrecht wäre, aber ich spüre die Versuchung, es zu tun, denn nur

dann, wenn ich mit ihm zusammen bin, habe ich wirklich das Ge-
fühl, geliebt zu sein. Meine Mitschwestern sagen mir, sie lieben mich,
und ich gehe davon aus, daß sie das auch meinen, nur ich erlebe es
nicht so.

Mein Oberer ist freundlich und bemüht sich sehr, aber ich habe
einfach Angst vor ihm, und, um ehrlich zu sein, ich spüre gegenüber
jedem, der eine Autorität darstellt, Angst.

Bernard Bush (1978, 78f.) kommentiert die vorausgehenden Aussagen, die er aus dem Mund von Ordensfrauen, Ordensmännern und
Priestern vernommen hat, mit den Worten: „Was man äußerlich
sieht, ist nicht immer das, was tatsächlich abläuft. Religiös lebende
Menschen sind besonders gut darin trainiert, die frohe Vorderseite
zu zeigen und zu vermeiden, auf die Wirklichkeit zu schauen. Religiöse Gemeinschaften fördern oft dieses unehrliche Verhalten."
Wer die menschliche Situation zu übergehen versucht, wer sie nicht
ernst nimmt, ihr nicht gerecht wird, der wird den Menschen und
Gott gegenüber nicht gerecht. Die menschliche Situation ernst nehmen aber heißt, die Grundbedürfnisse und Grundsehnsüchte des
Menschen zur Kenntnis zu nehmen, sie zuzulassen und sie ins Leben
zu integrieren. Alle diese Bedürfnisse und Sehnsüchte können leben,
sich entfalten, immer wieder erfüllt werden, auch in einem zöliba-
tären Leben, auch in einer, oder muß man sagen, gerade in einer
religiösen Gemeinschaft, wenn Menschen sich empathisch, annehmend und echt begegnen.
Der Begründer der Gesprächspsychotherapie Carl Rogers weist
immer wieder darauf hin, wie sehr die Haltungen, die im therapeutischen Prozeß heilend wirken, nämlich Empathie, bedingungslose
Annahme und Echtheit, auch auf die Beziehungen zwischen Paaren,
in Gruppen und Gemeinschaften übertragbar sind. Sie wirken dort
nicht minder heilend und wachstumsfördernd. Die Anwesenheit
oder Nichtanwesenheit von Empathie, bedingungsloser Annahme

und Echtheit in unseren klösterlichen Gemeinschaften, bei unserem Miteinander, haben daher entsprechend positive und negative Auswirkungen (vgl. Müller 1994b). Sobald eine Atmosphäre gewährleistet ist, die geprägt ist von Empathie, bedinungsloser Annahme und Echtheit, ist es mehr und mehr möglich, sich in großer Offenheit zu begegnen und füreinander Interesse und Sorge zu empfinden und zum Ausdruck zu bringen. Die gegenseitige Konfrontation, bei der ich den anderen nicht heruntermache, sondern in der mein Respekt für ihn spürbar ist, wird dabei nicht ausgelassen. Sie ist oft Voraussetzung dafür, um so manchen Knäuel auflösen und auf einer tieferen Ebene miteinander in Beziehung treten zu können.

3. Einander Empathisch Und Offen Begegnen

Jeder Mensch trägt tief in sich das Verlangen, von einer anderen Person voll verstanden, akzeptiert, bestärkt zu werden. Es ist das Verlangen durch die Begegnung mit einem anderen Menschen sich tiefer, ganzer, ganzheitlicher zu erfahren. Wie wenn ich erst dann, wenn ich als die Person, die ich bin, angenommen werde, wirklich mit der Person die ich tatsächlich bin, in Berührung komme; ich als die, die ich bin, wirklich leben kann, dabei all das zulassend, was mich ausmacht, was zu mir gehört, zulassend, was in mir verlangt, zu leben und sich auszudrücken.

Jeder kennt auch in sich die Angst, abgewiesen oder zurückgestoßen zu werden. Nicht angenommen zu sein als der, der ich bin, mit dem Ergebnis, daß ich mich verstecke, verkrieche, nur die Seiten von mir zulasse, zeige und ausdrücke, von denen ich meine, daß sie von den anderen toleriert werden.

Wo ich dem anderen empathisch begegne, geschieht etwas mit mir und es geschieht etwas mit meinem Gegenüber. Ich sprenge meine Welt, indem ich das Kreisen um mich, meine Interessen durchbreche und die andere Person in meine Welt hereinlasse. Ich neige mein

Ohr zu ihr und höre, höre zu, so, daß ihre Welt mir vertraut wird. Und je mehr ich wirklich zuhöre, bereit und beseelt bin davon, sie wirklich zu verstehen, desto mehr wird auch sie bereit sein, ihre Welt zu sprengen, um das, was sie, ihre Welt ausmacht, mir anzuvertrauen. Und sie wird spüren: Es kommt wirklich an, ich vermag ja tatsächlich das Ohr, nein, das Herz des mir Zuhörenden zu erreichen. Ich werde ja tatsächlich hineingelassen. Und das, so wie ich bin. Ich muß nicht länger eine Zufriedenheit an den Tag legen, die ich gar nicht empfinde, einen Eindruck erwecken, der mit dem, wie ich mich wirklich fühle, gar nicht übereinstimmt. Ich darf die sein, die ich bin. Und vor allem, ich werde als die akzeptiert, angenommen, bestärkt, die ich bin.

In dem Moment, in dem ich diese Erfahrung in der Begegnung mit einer anderen machen darf, erfüllt sich eine der tiefsten Sehnsüchte, die jeder Mensch in sich trägt: Von einer anderen wirklich verstanden zu werden. Es ist der Moment, in dem wir sagen können: „In der Begegnung mit dir kann ich wirklich so sein wie ich bin." Das aber ist auch der Moment tiefempfundener Intimität. Es ist der Moment, in dem ich die Nähe des anderen spüre, wir das Gefühl haben, als seien wir wie durch ein unsichtbares Band miteinander verbunden. Da jetzt beide ihre innere Welt füreinander geöffnet haben, ist die Erfahrung einer echten, intimen Begegnung möglich. Es kommt zur Berührung unserer inneren Welten. Wir stoßen nicht länger an der Fassade der jeweils anderen ab. Jetzt sind wir durchlässig geworden. Unsere tieferen und zarteren Seiten dürfen sich jetzt zeigen, nach vorne kommen, bis sie sich gegenseitig berühren. Das ist der Moment, in dem mich die Gegenwart der jeweils anderen anrührt und berührt.

4. „IHR SEID ALLE KINDER GOTTES"

Die Erfahrung von Empathie macht es weiter möglich, daß das mich von den anderen Unterscheidende immer mehr in den Hintergrund tritt, und das, was uns allen gemeinsam ist, das Menschliche, das Menschsein, mit all dem, was Menschsein gerade auch im Bereich der Gefühle, der Sehnsüchte, der Ängste und Erwartungen ausmacht, immer mehr in den Vordergrund tritt. Das heißt, die Filter, die zuvor den Blick verstellten, verschwinden zunehmend, verlieren immer mehr an Bedeutung. Die konkrete, wirkliche Person hat einhergehend damit zunehmend die Chance als die gesehen und gewürdigt zu werden, die sie wirklich ist.

Hier passiert auf einer psychodynamischen Ebene, was auf einer spirituellen, religiösen Ebene im dritten Kapitel des Galaterbriefes zum Ausdruck gebracht wird, wenn es dort heißt: „Es gibt nicht mehr Juden und Griechen, nicht Sklaven und Freie, nicht Mann und Frau; denn ihr alle seid einer in Christus Jesus" (Gal 3,28). Ich begegne der anderen Person an dem Punkt, an der Stelle, wo ich eins bin mit ihr. Das ist die Stelle, wo sie am meisten sie selbst ist. Zu ihr gehört auch ihr jeweilig eigener Hintergrund, ihre eigene Lebensgeschichte – und die sollen ihr nicht genommen werden. Ja, ich kann in der Begegnung mit ihr dadurch bereichert werden, wie sie durch meinen entsprechenden Hintergrund bereichert werden kann. Dieser jeweilige eigene Hintergrund, der uns unterscheiden mag, hält uns aber jetzt nicht länger davon ab, in der anderen den Mitmenschen, den menschlichen Bruder, die menschliche Schwester zu sehen.

Jetzt mag es mir wirklich – nicht nur im Kopf, sondern auch im Herzen – möglich sein, nachzuvollziehen und die Konsequenzen aus dem zu ziehen, was auch im dritten Kapitel des Galaterbriefes steht: „Ihr seid alles Kinder Gottes" (Gal 3,26). Was das aber heißen kann, formuliert Thomas Merton mit den Worten: „Wenn sich jeder Mensch als ein Sohn oder eine Tochter Gottes versteht, dann ist es für mich selbstverständlich, im Mitmenschen den Bruder und die Schwester zu sehen."

5. Einander Annehmen Und Bestärken

Wenn ich der anderen bestärkend und annehmend begegne, kann ich mit dazu beitragen, ihr bei der Annahme ihrer selbst zu helfen. Um mich selbst annehmen zu können, ist es wichtig, daß ich in den entscheidenden Phasen meines Lebens die Erfahrung machen durfte, bedingungslos angenommen zu werden und daß ich auch immer wieder die Erfahrung mache, angenommen zu sein. Auf der anderen Seite wird es mir sehr schwer fallen, wenn nicht gar unmöglich sein, jemand anderen wirklich annehmen zu können, solange ich mich selbst nicht angenommen habe. Ja, es wird sogar oft so sein, daß ich selbst die Annahme durch Gott nicht anzunehmen, nicht zu spüren vermag, sie mich nicht mit Leib und Sele zu durchdringen vermag, solange ich mich selbst nicht angenommen habe. Nicht wenige Priester, Ordensmänner und Ordensfrauen sehen sich außer stande, wirklich ja zu sich zu sagen, sich gut zu heißen, ein aus dem tiefsten Herzen gesprochenes Ja zu sich zu sagen, mit der Folge, daß sie auch niemals wirklich die Erfahrung gemacht haben, von Gott geliebt zu werden.

Mancher mag meinen, er bedürfe nicht der Bestärkung durch andere. Es genüge ihm, von Gott angenommen, bejaht, akzeptiert zu sein. Oder es mag gerade in einer religiösen Gemeinschaft jene Haltung geben, die davon ausgeht, daß ich die andere nicht bestärken, ihr im Alltag meine Anerkennung, Zuneigung und Bestärkung nicht schenken muß, da sich ja darum Gott schon zur Genüge kümmert. Mich selbst bejahen zu können, auf meinem eigenen Boden zu stehen, nicht abhängig zu sein von der Bestärkung durch andere – ist das eine. Das andere ist: Weil ich mich letztlich selbst nicht anzunehmen vermag und auch nicht die Erfahrung mache, daß andere mich bestärken – zumindest glaube ich das – erwähle ich Gott zu meinem einzigen, ausschließlichen Bestärker. „In dieser Situation wird Gott", so Bernard Bush (1978) „zum Ersatz für bestärkende menschliche Beziehungen. Niemand anders mag mich lieben, doch ich weiß, daß wenigstens Gott mich liebt... In der Regel wird diese Art von Spiritualität mit der Zeit in die Brüche gehen, denn sie ist auf einer intellektualisierten Wahrheit begründet und nicht auf einer erlebten Erfahrung."

Nach meiner Auffassung ist es eine wesentliche Aufgabe einer Ordensgemeinschaft und ihrer Mitglieder, sich gegenseitig empathisch zu begegnen und sich dabei gegenseitig zu bestärken. Denn eine der vornehmsten Aufgaben, wenn nicht die vornehmste, die wir als Stellvertreter und Stellvertreterinnen Gottes haben, besteht darin, Menschen zu bestärken, sie anzunehmen, ihnen durch unsere empathische Begegnung zu helfen, noch mehr mit sich in Berührung zu kommen, sich zu spüren, das, was bei ihnen noch nicht entfaltet ist, zur Entfaltung bringen zu lassen. Wo uns das gelingt, tragen wir zur Entwicklung, Entfaltung und Verwirklichung von Gottes Schöpfungswerk bei. Wir bestätigen uns dann als Söhne und Töchter Gottes. In uns selbst scheint dann etwas von Gottes Tochter- und Sohnschaft durch.

6. SICH ECHT UND RÜCKHALTLOS BEGEGNEN

„Ich kenne Leute", so Martin Buber, „die in der sozialen Tätigkeit aufgehen und nie mit einem Menschen von Wesen zu Wesen geredet haben." Die Ordensfrau, die in ihrer beruflichen Tätigkeit aufgeht, ohne dabei den Mitmenschen und die Mitschwestern von Mensch zu Mensch zu begegnen, dreht sich im Kreis, wird nie zum Ziel kommen. Sie umgeht die Umfassung, das zum anderen Gelangen, bei ihm Ankommen, bei ihm Verweilen. Dabei will ich als Ordensfrau oder -mann doch gerade in einer besonderen Weise mit anderen

Menschen, mit meinen Mitschwestern, in Kontakt kommen. Ja, ich bin ja in eine Gemeinschaft eingetreten und beispielsweise nicht in die Wüste gegangen, um dort in dieser Gemeinschaft in einer besonderen Weise Menschen, die dort sind, nahe zu sein, um mit ihnen, und nicht an ihnen vorbei zu leben.

Dieses rückhaltlose Sich-Begegnen scheint uns Menschen besonders schwer zu fallen. Das trifft auf Eheleute nicht weniger wie auf Ordensleute zu. Genau das, was eigentlich mit am stärksten dazu beiträgt, daß so etwas wie eine Gemeinschaft, ein wirkliches Zusammenleben gelingen kann, die Echtheit, die Offenheit, fehlt vielfach, nicht selten gänzlich. Wie kann ich aber dem anderen gerecht werden, wenn er nicht um mich weiß, wenn ich nicht um ihn weiß und wenn ich mich nur mit der äußeren Fassade begnüge und nicht bereit bin, das, was ich wirklich bin, das, was ich wirklich fühle und denke, von dem ich überzeugt bin, mitzuteilen, zugleich aber auch offen und bereit bin zu hören, zuzulassen, was die andere wirklich fühlt, denkt, von was sie überzeugt ist?

„Unser spirituelles Leben und unser psychisches und emotionales Leben sind eng miteinander verbunden und befinden sich in einem ständigen Austausch untereinander" (Bush 1978, 114). Das aber heißt: Wenn wir in einer religiösen Gemeinschaft die Verkörperung von Christi sehr realer menschlicher Liebe darstellen wollen, muß uns an dem inneren Leben der einzelnen Mitglieder gelegen sein. Da – und das ist etwas, das man allzu oft übersieht – die inneren Geschehen sich ohnehin zum Ausdruck bringen werden, gerade auch die Seiten, denen der einzelne oder die Gemeinschaft nicht gerecht geworden sind, müssen Wege entwickelt werden, die es erlauben, diese inneren Geschehen, Gefühle, zuzulassen, anzuschauen und zu verarbeiten. Wo das aber nicht möglich ist, wo das, was der einzelnen wirklich wichtig ist, nicht zugelassen wird, wird das Innerste weggenommen, der Geist getötet – bis dahin, daß der Geist schließlich auch die Gemeinschaft verläßt, die dann immer mehr der von Baruch (2,16f.) beschriebenen Unterwelt gleicht, dem

Reich der Toten, aus deren Inneren der Geist weggenommen worden ist. Wo das Innerste des einzelnen dagegen zugelassen, angeschaut und mitgeteilt werden kann, lebt der Geist auf, im einzelnen und in der Gemeinschaft.

Wo wir in unserem Leben die Erfahrung von Offenheit und Echtheit nicht machen dürfen, wo wir uns verstecken müssen, wo wir nicht wirklich die sein dürfen, die wir sind und letztlich nicht als die, die wir wirklich sind, angenommen werden, laufen wir Gefahr, daß unser Leben, wenn es denn länger so bezeichnet werden kann, zur Unterwelt wird, dem Reich der Toten, aus deren Inneren, wie es bei Baruch heißt, der Geist fortgenommen worden ist.

Das ist dann der Moment, in dem eine Gemeinschaft die Ausstrahlung eines Computers hat. Der funktioniert, wenn man Glück hat, ganz gut. Das ist es aber auch schon. Es ist der Moment, in dem sich die Mitglieder einer Gemeinschaft wie Objekte und an der Oberfläche begegnen, wenn man hier überhaupt das Wort begegnen benutzen kann, denn im Grunde genommen gehen sie aneinander vorbei. Sie gleichen dann eher einem geschäftigen Flughafengebäude, wo viele Menschen unterschiedliche Aufgaben wahrnehmen, und bemüht sind, daß alles funktioniert, miteinander aber letztlich nichts zu tun haben.

7. DER DÜNGER EINER GEMEINSCHAFT IST DIE GELEBTE MENSCHLICHKEIT

Was aber passiert, wenn sich Menschen in einer Gemeinschaft nur an der Oberfläche begegnen, nur gut funktionieren, wenn Menschen nicht in einem lebendigen Austausch miteinander sich bestärken und bejahen? Wo das auf Dauer geschieht, vermögen Menschen nicht weit zu werden, vermögen sie nicht, sich zu entfalten. Wird ihre Welt eng und enger, schleichen sich Angst, Unsicherheit, Gefühle der Minderwertigkeit, Depression in ihr Leben. Wo das auf

Dauer geschieht, wo auf Dauer die Menschen einer Gemeinschaft, statt sich gegenseitig zu eröffnen, voreinander zumachen, sich verschließen, einschließen in ihre inneren und äußeren vier Wände, geht einer Gemeinschaft sozusagen der Dünger ab, der dazu beiträgt, daß eine Gemeinschaft wächst und fruchtbar wird.

Der Dünger einer Gemeinschaft ist die Menschlichkeit ihrer Mitglieder. Es ist das, was ihr wahres Menschsein ausmacht. Es ist nicht das Idealbild von Sr. Maria, die Schokoladenseite von Sr. Agnes, das berühmte Kunstwerk eines Klosters, und es ist auch nicht, so schön, bedeutsam und beglückend das sein mag und ist, die Tatsache, daß man einen heiligen Ordensgründer oder eine selige Mitschwester hat. Der Dünger einer Gemeinschaft ist die hier und heute gelebte und zugelassene Menschlichkeit, die voreinander, miteinander und vor Gott zugelassene und gelebte Menschlichkeit.

Wenn ich als Ordensmann in meiner Gemeinschaft Menschen habe, einen Ort habe, wo ich der sein darf, der ich bin, wo ich meine Freude, meine Trauer, meinen Ärger, meine Wut, meine Hoffnungslosigkeit, mein Entzücken und meine Beglückung, meine Verzweiflung zulassen und mitteilen darf und kann – da geschieht Leben, da lebt eine Gemeinschaft, da atmet sie, vibriert sie. Wirkliches Leben kann in einer Gemeinschaft geschehen, wenn ich von meinen Zweifeln an Gott, meinen Zweifeln an der Gemeinschaft, meinen Zweifeln an dem Gerechtigkeitssinn der Oberen sprechen kann, wenn ich offen über meine Schwächen erzählen darf. Leben ist da und geschieht da, wo ich offen von meinem Bemühen, zölibatär zu leben, meinem ständigen Kampf gegen Selbstbefriedigung, meinen Minderwertigkeitsgefühlen sprechen darf; wo ich auch ganz selbstbewußt und stolz von meinen Erfolgen und schönen Erfahrungen reden und meine Sehnsucht nach mehr Intimität zum Ausdruck bringen darf.

Wenn all das möglich ist, ist nicht nur mehr Leben in einer Gemeinschaft möglich, wirkliches Leben. Wenn das möglich ist, vollzieht sich Menschwerdung, Menschwerdung an den Mitgliedern einer

Gemeinschaft und durch die Mitglieder einer Gemeinschaft. Zugleich findet so etwas wie eine Fortsetzung der Menschwerdung Gottes statt. Wir führen den von Jesus begonnenen Prozeß der Menschwerdung fort. Miteinander und füreinander. Wir werden einander gerecht, indem wir unserem Grundauftrag gerecht werden, mitzuwirken, daß die im fleischgewordenen Gott vorangetriebene Menschwerdung weitergeht (vgl. Bush 1978).

8. ZUM VOLLEN MENSCHSEIN GEHÖRT AUCH DIE SEXUALITÄT

Was ich hier über Offenheit, sich wirklich zu begegnen, sage, gilt auch und sogar in einer besonderen Weise für die Sexualität. Was ist der Grund dafür, daß wir in unseren Gemeinschaften das Thema Sexualität so tabuisieren, ja oftmals so tun, als spiele sie keine Rolle, zumindest keine sonderlich bedeutsame. Dabei wissen wir doch alle, daß wir uns damit etwas vormachen. Wir sind alle – auch Ordensfrauen, Priester, selbst Bischöfe und der Papst – sexuelle Wesen. Wir sind nicht nur sexuelle Wesen, und die Bedeutung, die Sigmund Freud der Sexualität zugesprochen hat, ist einseitig und überzogen. Doch, die Sexualität gehört zu unserem vollen Menschlichsein. Gott sei Dank tut sie das! Wer versucht, das zu übergehen, macht sich nicht nur etwas vor, wenn sie meint, die Sexualität in ihrem Leben aussparen zu können. Sie vergibt damit mitunter eine der vitalsten Kräfte, wirft sie gleichsam vor die Hunde, statt sie für ihr Leben, gerade auch für ihr zölibatäres Leben, zu nutzen und fruchtbar zu machen.

Einer Gemeinschaft, in der die Sexualität nicht vorkommt, in der die menschliche Sexualität nicht zur Sprache kommt, geht viel an Leben und Lebendigkeit verloren. Statt die Farbenprächtigkeit, Saftigkeit, Lebendigkeit und das Ekstatische der Sexualität für das Leben miteinander fruchtbar zu machen, muß dann die Sexualität ein oft unwürdiges Dasein fristen, darf sie lediglich in der vielfach mit Schuldgefühlen belasteten Selbstbefriedigung, sexuellen Kontakten, die in Konflikt mit dem Ideal geraten oder oft nur schwer zu unterdrückenden Phantasien leben, wenn man das Leben nennen kann. Dabei sehnt sich doch unsere Sexualität danach, ihre Flügel ausbreiten zu dürfen, sich zeigen zu dürfen, bejaht zu werden, ihren Beitrag zur Vertiefung der Beziehungsnahme zu uns selbst, zu anderen, den Mitschwestern und Mitbrüdern und zu Gott leisten zu können. Sie will sich nicht vor den Augen Gottes verstecken müssen. Sie will zur Ehre Gottes, zum Wohl der anderen, zu meinem Wohlbefinden beitragen.

Damit das möglich ist, bedarf es einer Atmosphäre, in der es erlaubt ist und leicht gemacht wird, auch über die eigene Sexualität zu sprechen, sie zuzulassen und zur Entfaltung zu bringen. Wo das möglich ist, werden wir in einer grundsätzlichen Weise einander gerecht. Wir werden einem Grundbedürfnis, einer Grundsehnsucht gerecht: der Sehnsucht, sich als Mensch, als Mann und Frau, ganz zur Entfaltung bringen zu dürfen. Wenn das aber möglich ist, hat das entsprechende positive Auswirkungen auf die eigene Befindlichkeit, den Umgang miteinander bis hin zur Beziehung zu Gott. Wenn ich ja sage zu meiner Sexualität, selbstverständlich ja sagen darf, sage ich zugleich ja zu einer Seite und Tiefe in mir, der eine ganz entscheidende Bedeutung bei der Aufnahme bedeutungsvoller, tiefer, inniger, und in diesem Sinne intimer Beziehungen mit meinen Mitmenschen, darunter auch meinen Mitschwestern, meinen Mitbrüdern und meiner lebendigen Beziehung mit Gott, zukommt. Erst dann kann eigentlich so etwas wie eine inkarnierte Spiritualität mich erfassen. Eine Spiritualität, die durchaus auch nach Weihrauch riechen darf, der zugleich aber auch die Schwere der Erde anhaftet, die die Wirklichkeit des Alltags durchwebt und die Buntheit und Sanftheit des Eros beflügelt.

9. Die Krise Des Einzelnen Für Die Gemeinschaft Fruchtbar Machen

Wenn Menschen transparent, offen, echt miteinander leben, wissen sie umeinander. Da wissen sie auch mehr von dem, wie es im einzelnen aussieht. Da sind sie auch sensibel für die Anzeichen einer sich anbahnenden Krise.

Wenn Menschen sich offen und echt begegnen, dürfte es dem, der sich in einer Krise befindet, auch nicht schwer fallen, sich seinen Mitbrüdern und Mitschwestern anzuvertrauen. Darf er doch damit rechnen, daß, wenn er von seiner augenblicklich angeschlagenen Situation, seinem Schwachsein, berichtet, er von den anderen nicht abgelehnt oder abgestempelt wird. Es müßte als selbstverständlich erachtet werden, ja mitunter als etwas Positives gesehen werden, daß jemand auch einmal ins Schleudern kommt und sich dem dann stellt. Er tut damit etwas für sich. Er tut damit aber auch etwas für seine Gemeinschaft, von deren Leib er ein Glied ist. Seine Veränderung, seine mitunter schmerzhafte Verwandlung hat Auswirkungen auf seine Gemeinschaft, zumindest dann, wenn diese Gemeinschaft nicht lose zusammengebunden ist, ohne echte Beziehung unter den einzelnen Gliedern, sondern eine Gemeinschaft ist, die wirklich miteinander verknüpft ist, ohne daß sie jetzt gleich eine Schar von Heiligen, oder ein Herz und eine Seele sein muß. So kann die Krise des einzelnen auch fruchtbar gemacht werden für die Gemeinschaft und ihre einzelnen Mitglieder.

Auf der anderen Seite hat es auch entsprechende Auswirkungen auf eine Gemeinschaft, wenn der einzelne seine Krisen nicht zuläßt, wenn der einzelne sie einfach übergeht. So mag gerade der, der zu seiner Schwachheit steht, derjenige sein, der seine Gemeinschaft stärkt, der seine Gemeinschaft befruchtet, der das Wachstum seiner Gemeinschaft fördert. Während jener, der anscheinend so stark ist, bei dem anscheinend alles so glatt verläuft, der in den Augen mancher einem ganz bestimmen Ideal entspricht, möglicherweise diese Befruchtung seiner Gemeinschaft vorenthält.

10. „Wer Nicht Liebt, Bleibt Im Tod"

Eine Gemeinschaft, die lebt, die mit dem Leben in Berührung ist und die deswegen zugleich die Höhen und Niederungen des Lebens kennt, die trägt zur Ehre Gottes bei. Es ist die Gemeinschaft, die fähig ist zu Freude und Ekstase, in dieser Freude und Ekstase Gottes Ehre und Gerechtigkeit preist, und es ist die Gemeinschaft, die Gottes Ehre und Gerechtigkeit preist, weil sie wirklich lebt, auch im elenden Zustand, mit gebeugtem Geist, schwach einhergehend, mit matten Augen und hungernder Seele (vgl. Baruch 2,16-18). Das heißt, es darf alles da sein, Freude, Ekstase, Niedergeschlagenheit, Mattheit. Wenn Leben wirklich zugelassen wird, wenn man dem Leben gerecht wird, wird das auch alles vorkommen. Wenn Leben dagegen nicht zugelassen wird, wenn Leben außen verbleiben muß, da kehrt der Tod ein. Da sind wir mitten im Leben tot. Oder aber wir sind noch nicht aus dem Tod in das Leben hinübergegangen, weil wir, wie es im Johannesbrief heißt, dann die Brüder und Schwestern noch nicht lieben. Wer aber nicht liebt, bleibt im Tod (vgl. 1 Joh 3,14).

Wenn Menschlichkeit in einer Gemeinschaft zugelassen und gelebt wird, dann ist da nicht nur Leben, wirkliches Leben. Da ist Er selbst mitten unter uns. Da kommt Er in diesem Leben selbst zum Ausdruck. Da preist dieses Leben nicht nur seine Ehre, es ist Ausdruck seiner menschlichen Gestalt. In unserer Menschlichkeit geben wir Gott die Möglichkeit, sich auszudrücken, sich zu zeigen, uns nahe zu sein. Wir verweigern ihm das, zumindest begrenzen wir seine Möglichkeiten, wenn Sterilität, Konformität, Unterdrückung von Sehnsucht und wirklichem Leben, objekthaftes aneinander Vorbeigehen unser „Leben" kennzeichnet. Allein: „Nicht die Toten in der Unterwelt erweisen dir Ehre und Anerkennung; ihr Geist ist ja aus ihrem Inneren fortgenommen. Der lebendige Mensch preist deine Ehre und Gerechtigkeit, oh Herr" (Baruch 2,16-18).

5. KAPITEL

VERWURZELT IM BODEN UND ZUM HIMMEL AUSGESTRECKT

1. GEERDET SEIN

Wir Menschen sind, so Alexander Lowen (1990, 105), wie Bäume, an einem Ende verwurzelt im Boden und am anderen Ende zum Himmel ausgestreckt. Das Ausmaß unseres Ausstreckens hängt von der Stärke unserer Wurzeln ab. Entwurzele ich einen Baum, verwelken die Blätter; entwurzele ich eine Person, wird ihre Spiritualität leblos. Die Fähigkeit eines Baumes, sich in einer aufrechten Position zu halten, hängt mehr von der Stärke seiner Wurzeln als von der Starrheit seiner Struktur ab. Ja, je rigider die Struktur ist, desto anfälliger ist der Baum beispielsweise durch einen Sturm entwurzelt zu werden. Wie Bäume schauen wir auf zum Himmel als der Quelle unserer lebenserhaltenden Energie, aber wir hängen genauso von der Erde ab, um überleben zu können.

Mancher mag sagen, daß wir Menschen nicht wie Bäume Wurzeln haben. Jedoch als Geschöpfe der Erde sind wir durch unsere Beine und Füße mit dem Boden verbunden. Wenn diese Verbindung vitaler Art ist, dann sagen wir, daß eine Person geerdet, mit dem Boden verbunden ist. Geerdet sein heißt, daß die betreffende Person weiß, wer sie ist und wo sie steht. Geerdet sein heißt, verbunden zu sein mit den fundamentalen Wirklichkeiten des Lebens, dem eigenen Körper und der eigenen Sexualität, den Menschen, mit denen man in einer Beziehung steht, der Schöpfung, dem Schöpfer. Man ist in dem Ausmaß mit diesen Wirklichkeiten verbunden, in dem man mit der Erde verbunden ist.

Will man näher herausfinden, wer jemand ist, so ist es wichtig herauszufinden, wie jemand da steht und wie gut er mit dem Boden verbunden ist. Hat jemand eine sehr starke und sichere Vorstellung von sich, dann wird er aufrecht stehen. Ist er voller Furcht, dann wird er die Tendenz haben, sich zu ducken. Ist er traurig oder deprimiert, dann wird sein Körper herunterhängen. Versucht er seine inneren Gefühle oder Unsicherheit zu verdrängen, dann wird er da stehen wie ein Vorgesetzter oder Zuchtmeister, und seine Haltung wird ganz unnatürlicher Art sein.

Fühlt sich jemand geerdet, dann ist er in der Lage, auch Erfahrungen und Gefühle zuzulassen, die ihn sonst umwerfen würden. Diese Gefühle gehen dann hinunter bis in die Erde, wenden sich dort umgehend von der Erde wieder herauf und durchfluten den ganzen Körper.

Die Qualität des Geerdetseins bestimmt das Ausmaß dessen, wie ich mich innerlich fühle, zum Beispiel auch, ob ich mich sicher oder unsicher fühle. Wenn jemand gut geerdet ist, fühlt er sich sicher auf seinen Beinen, da ein Grund, ein Boden für ihn da ist. Jemand, der nicht geerdet ist, fühlt sich unsicher. Er mag glauben, daß er sicher ist, da er genug Geld, eine zufriedenstellende Position und eine Familie hat. Aber ihm fehlt dieses innere Gefühl von Sicherheit, solange er nicht geerdet ist.

Geerdet sein ist die Voraussetzung dafür, wirklich spirituell sein zu können. Will ich nicht abheben, ist mein Ziel wirklich Freude zu erfahren, wirklich lebendig zu sein, wirklich die Erfahrung machen zu dürfen, Teil eines pulsierenden Universums zu sein, die Erfahrung zu machen, eine Person zu sein, die mit Grazilität und Gnade ausgestattet ist, dann ist es wichtig, daß ich geerdet bin.

Alexander Lowen (1990, 124) meint, daß es schwierig ist, in einer Kultur, die selbst nicht geerdet ist, geerdet zu sein, in einer Umgebung, die von mir verlangt zu funktionieren, erfolgreich zu sein. Dennoch, so meint er, die wirklichen Werte im Leben sind geerdeter

Natur: Gesundheit, Anmut, Verbundenheit, Vergnügen und Liebe.
Diese Werte haben aber nur dann eine Bedeutung, wenn die eigenen
Füße fest auf dem Boden stehen.

O wohliges Gefühl
das sich in mir verbreitet
wenn ich spüre
daß ich ganz bin

Wenn ich mich als ganzer Mensch erfahre
mir wie rund vorkomme
meine Tiefe sich in meinem Wahrnehmen und Erleben ausbreitet
ich Erde und Himmel
Hier und Jetzt, oben und unten
zugleich spüre

O gnadenvoller Moment
die Erfahrung von Angenommensein
o heiliger Moment
der Erfahrung, wertvoll, liebenswert zu sein
o seliger Augenblick
des Gefühls tiefster Geborgenheit und Freiheit

Getragen zu sein und zugleich unabhängig zu sein
dazuzugehören und zugleich mich frei bewegen zu können
angewiesen zu sein und zugleich mir selbst treu zu sein.

2. UMFASST SEIN

Wenn ich nicht länger das Gefühl habe, mit dem Boden und mit
dem Himmel verbunden zu sein, ich nicht länger den Boden unter
den Füßen spüre, nicht länger mit dem Himmel in Berührung bin,
dann beginne ich zu straucheln, beginne ich meine Richtung zu
verlieren, laufe ich Gefahr, in die Irre zu gehen. Es ist auch eine Zeit,

in der ich oft die Erfahrung von Sinnlosigkeit, Hoffnungslosigkeit und Depression mache. Ich habe dann das Gefühl, nicht länger eingebunden zu sein in eine mich tragende, mich umgebende, mich umhaltende Welt, zu der Himmel und Erde gehören, die mir das Gefühl vermittelt, zu ihr zu gehören, von ihr eingefaßt und zugleich Teil von ihr zu sein.

Fühle ich mich dagegen umfaßt, dann merke und spüre ich an mir, daß ich Teil der Schöpfung bin, Boden unter den Füßen habe, ja mit diesem Boden, dieser Erde, festverwurzelt bin. Ich bin in Berührung mit meinen Mitgeschöpfen, weiß um unsere Verwandtschaft und unseren gleichen Ursprung. Ich bin mir unserer Verbundenheit bewußt, weiß und spüre sie zumindest tief in mir, wenn ich sie mir auch nicht ständig bewußt mache. Weiter ahne ich, daß ich umfaßt bin von etwas, von Einem, der mein Denken, mein Vermögen übersteigt, dem Schöpfer, Gott.

Dieses Umfaßtsein gibt mir Boden und Halt, läßt mich aufrecht gehen, vermittelt mir eine innere Balance, macht mich gelassen, es ist wie eine Decke, eine angenehm sich anfühlende Decke, die mich wärmt, in die ich mich kuschele, einhülle. Solange ich mit dieser Umfassung in Berührung bin, sie in und an mir erfahre, kann ich atmen, richtig durchatmen, lebe ich.

Im Zustand der Sinnlosigkeit, Hoffnungslosigkeit und Depression fühle ich mich abgeschnitten von der Umfassung. Ich fühle keinen Boden mehr unter meinen Füßen, ich spüre keine Verbundenheit mit meinen Mitmenschen, und ich bin nicht länger in Kontakt mit der Ahnung, von Gott umfaßt zu sein. Auch wenn ich weiterhin auf dem Boden gehe, weiterhin mit Menschen spreche, ja weiterhin zu Gott bete, bin ich nicht mehr wirklich in Kontakt mit ihm, nehme ich nicht länger jene tiefer liegende Schicht wahr, die uns verbindet, auf die wir alle zurückgeführt werden können, weil wir dort zusammenlaufen, dort unser Ursprung ist. Sobald wir aber nicht mehr mit dieser Schicht in Berührung sind, erleben wir uns „allein auf weiter Flur", „im Sturzflug", kommt uns alles „sinnlos" vor. Da stehe ich, mutterseelenallein, ausgesetzt, spüre nicht länger die Fäden, die mich mit der Schöpfung, meinen Mitgeschöpfen, meinem Schöpfer verbinden. Was mich vorher getragen hat, ist weg. Ich stürze hinab und versinke. Was vorher meinem Leben Sinn und Bedeutung gab, ist wie weggeblasen. Es ist, als trennten mich die dicken Mauern des Gefängnisses, in dem ich mich eingesperrt fühle, von dem Bewußtsein, Gefühl und Erahnen der tieferen Verbundenheit mit meiner Mitwelt und Umwelt. Und in der Tat: Das, wofür diese dicken Mauern stehen, ist der Grund, warum ich nicht länger mit dem Lebensrhythmus der Schöpfung mitzuschwingen vermag, mich der Umfassung mit der Schöpfung, den Mitgeschöpfen und dem Schöpfer erfreuen kann.

Welch ein Unterschied
ob ich an der Ostsee
während es dunkel wird
spazieren gehe
den klaren Sternenhimmel über mir
umgeben von dem Plätschern der anstrandenden Wellen
den Blick auf das nicht endenwollende Meer gerichtet
in der Nase die frische Luft der milden Brise
die auch sanft über die Wangen streift
vorbei an Häusern, die einen Blick in die erhellten Wohnzimmer
erlauben
in denen Menschen zusammensitzen
oder
hektisch durch die Bahnunterführung im Würzburger Bahnhof gehe
eingebunden von Beton, Neonlicht, Anzeigentafeln und hastenden
Menschen

Im Zustand der Sinnlosigkeit, Hoffnungslosigkeit und Depression erlebe ich mich ständig eingepfercht in der Würzburger Bahnunterführung. Beraubt des Blickes nach oben, der Berührung mit der Erde, der echten Begegnung mit meinen Mitmenschen.

Eine Grundübung der Bioenergetik ist das Grounding. Es meint, in Berührung kommen mit dem Boden unter mir, der Erde, mich erden. Wirklich ein Gefühl dafür zu bekommen, daß ich mit beiden Füßen auf dem Boden stehe. Ja, daß ich der Erde einverleibt bin. Das gibt mir Halt. Ich spüre ein Fundament unter mir, fühle mich getragen, verwurzelt. Ich kann darüber auch zunehmend in Berührung mit meiner Verwobenheit mit der Schöpfung, meinem Umfaßtsein von meinem Schöpfer kommen.

Grounding-Übung:
Manchmal verbreitet es ein angenehmes Gefühl, wenn man sich sehr stark mit dem Boden verbunden fühlt, wenn man wie ein Baum ein Teil der Erde ist.
Stellen Sie sich aufrecht hin und lassen Sie zu, daß Ihr Körper sich angenehm fühlt und ruhig ist. Entspannen Sie Ihre Schultern und Ihre Beine und bewegen Sie sich etwas auf dem Flecken, auf dem Sie gerade stehen, bis Sie eine Position erreicht haben, die für Sie angenehm ist. Schließen Sie Ihre Augen und fühlen Sie sich wie ein Baum, der aus dem Boden wächst. (Pause)
Sind Sie unten?
Stellen Sie sich vor, daß Ihre Wurzeln tief hinunter in die Erde und zwar unter Ihre Füße ziehen. (etwa 10 Sekunden Pause)
Heben Sie jetzt Ihre Arme und stellen Sie sich vor, daß Ihre Arme Zweige des Baumes sind und Sie wie ein Baum mit der Erde verbunden sind. (etwa 10 Sekunden Pause)
Fühlen Sie die Energie, die von den Spitzen Ihrer Zweige hinunter in Ihre Wurzeln in der Erde fließen. (etwa 10 Sekunden Pause)
Sie können dieses Gefühl, Teil der Erde zu sein, immer dann benutzen, wenn Sie stark mit der Erde verbunden sein wollen, wenn Sie wollen, daß Sie Teil der Energie werden, die durch die Erde fließt. Freuen Sie sich an diesen Gefühlen, solange Sie wollen. Kommen Sie schließlich zu dem Raum zurück, in dem Sie sich befinden, und tun Sie das auf die Weise, die Ihnen gemäß ist.

3. Selbst-Wertgefühl: Du bist wertvoll, kostbar, liebenswert

Wenn ich meinen eigenen Wert erkannt habe, besser noch, wenn ich mich selbst für liebenswert erachte, mir im richtig verstandenen Sinne genug bin, vermag ich in mir zu stehen, in mir zu ruhen, habe ich, bin ich mir selbst ein Fundament. Ich kann mich nach anderen ausstrecken, aber ich muß es nicht. Ich muß auch nicht erst etwas Gutes für andere tun, damit ich mich wohl fühle, mir gut bin. Bin ich nicht in der Lage, auf meinen beiden Füßen zu stehen, werde ich abhängig von der Unterstützung anderer. Wenn ich nicht auf meinen beiden Füßen stehe, dann laufe ich Gefahr abzuheben, meinen Tagträumen nachzugehen, statt einen Fuß vor den anderen zu stellen.

Das Selbstwertgefühl ist so etwas wie ein Fundament, ein Angelpunkt, ein Eckstein in uns. Von seiner Beschaffenheit hängt es ab, wie wir durch's Leben gehen, wie wir uns selbst, anderen, Gott begegnen. Dabei ist das Selbstwertgefühl nicht so etwas Solides wie ein Fundament. Es ist es zumindest nicht in dem Sinne, daß es äußerlich sichtbar sich so zum Ausdruck bringt. Wenn zum Beispiel jemand äußerlich selbstbewußt auftritt, kann dahinter auch ein entsprechend positives Selbstwertgefühl stehen, muß es aber nicht. So manches anscheinend selbstbewußte Auftreten mag sich recht schnell als eine vorgeschützte Sicherheit erweisen. Selbstwertgefühl – das ist etwas, was ich nicht einfach so in die Hand nehmen kann. Es ist etwas, das mich durchweht, mich, den ganzen Menschen, in allem, was mich ausmacht, durchzieht und sich dabei in meinem Denken über mich, in meinem Fühlen und Spüren in bezug auf mich, niederschlägt. Es zeigt und meldet sich in meinem Kopf, in meinem Bauch, in meiner Seele und beeinflußt von daher auch mich im Leib und in der Seele, in meinem seelischen und körperlichen Empfinden.

Wenn sich aber jemand nicht für liebenswert erachtet, wenn jemand ein geringes Selbstwertgefühl hat – kann man dann mehr tun, als ihm immer wieder als eine Person zu begegnen, die das Liebenswerte, das Wertvolle in ihm sieht? In der Hoffnung, daß jene Art der Begegnung wie ein Anhauchen seiner Seele wirkt, die erwärmt durch den Atem sich hervorwagt, zeigt, nach innen und außen verbreitet. Sie löst sich von ihren Verkrustungen, hinter die sie sich zurückgezogen hat, damit dem Leben aber die Kraft entzogen hat, dem Gefühl von Bedeutungslosigkeit den Boden ebnend. Wenn die Seele sich hervorwagt, wandelt sie das Loch in eine Tiefe, die mich in Kontakt mit meinem Schatz, auch dem Schatz meines Selbstwertgefühles bringt und diesen Schatz, meinen Schatz für mich birgt, indem sie ganz leise und zärtlich überall in mir das Gefühl, die Ahnung, das Gespür verbreitet: Ich bin liebenswert. Mit der Folge, daß ich mir selbst, meinen Mitmenschen und Gott als jemand begegne, der sich schenken, verschenken kann, weil ich mich als beschenkt, ja geschenkt, das aber heißt bedingungslos gegeben, erfahre.

Selbstwertgefühl, wenn ich spüre, daß ich wertvoll bin, vernehme ich aus dem Tiefsten in mir einen vielstimmigen Chor, der immer und immer wieder singt: Du bist wertvoll, du bist kostbar, du bist liebenswert. Und je länger ich dieses: „Du bist wertvoll" höre, aus der Tiefe in mir kommend und in meine Tiefe hineinwirkend, desto eher und bereiter und dann fast wie selbstverständlich greife ich diese Melodie und diese Worte auf und singe sie zunächst leise, dann aber immer lauter mit: Ich bin wertvoll, ja ich bin liebenswert. Und ich spüre dabei, wie es mir warm wird um's Herz, ich mich strecke, weit werde, aufstehe und mit ausgebreiteten Armen und offenem Herzen mich anschauen lasse und anderen begegne.

Das Wort des Hl. Augustinus: „Liebe und dann tue, was du willst", heißt übertragen auf das Selbstwertgefühl: Erachte dich selbst für wertvoll und dann tue, was du willst. Denn, wenn ich mich selbst für wertvoll, liebenswert erachte, dann wird wie selbstverständlich Segen von mir ausgehen – für mich und andere. Dann bin ich wie eine Perle, die sich an ihrem eigenen Wert, an ihrer eigenen Schönheit freuen kann und deren Anmut anderen Freude bereitet. Dann werde ich auch alles tun, was meinen Glanz erhellt, und das vermeiden, was mich matt werden läßt und verunstaltet.

Dabei ist das Entscheidende beim positiven Selbstwertgefühl, daß ich mich unabhängig von äußeren meßbaren Erfolgen und unabhängig von außen vorgegebenen Richtlinien, was anmutig, wertvoll, schön ist, unabhängig von all dem, mich für liebenswert erachte, einfach, weil ich bin.

Ich brauche sie nicht,
um mich für liebenswert zu erachten
ich brauche sie nicht,
um zu mir sagen zu können:
ich bin in Ordnung

Das ist mein Schritt
das ist das Stück Arbeit
das ich zu leisten habe
das kann und soll mir niemand abnehmen

Da darf, muß etwas in mir platzen
aus dem
Liebe
Wärme
Anerkennung
quellt und strömt

Laß die Knospe in dir
sich entfalten und blühen
blühe
gehe auf

Begnüge dich nicht mehr damit
andere zu bewundern
und traurig zu sein

daß du nicht hast
was du dort siehst

Laß deine Wärme zu
laß dich von ihr wärmen
du bist liebenswert
und warmherzig

4. WIE EIN BAUM GEPFLANZT AN DEN WASSERBÄCHEN

Lebendig zu sein, heißt für mich auch, vorbehaltlos mich Gott zu
überlassen. Immer wieder sich Ihm einfach überlassen zu können,
im Beten, Jubeln, Schreien, Weinen, Tun und Sein sich selbst zu
entgrenzen und zumindest dafür offen zu sein, um sich dabei Ihm
zu übergeben, sich hineinfallen zu lassen in Seine selbstlose Liebe.
Wo ich das vermag, lasse ich alles in mir leben, preise und rühme
ich darin Gottes Herrlichkeit und Lebendigkeit.
Wer in der Umfassung mit Gott lebt, wer Gott und die von ihm
geschaffene Welt zu seinem Bezugsrahmen erwählt, der ihn erfüllt
und an dem er sich ausrichtet, „der ist wie ein Baum, gepflanzt an
den Wasserbächen, der seine Frucht bringt zur rechten Zeit" (Ps
1,3). Seine Lebensenergie erhält er aus diesem Gefühl der Verbundenheit mit Gott. Sie wirkt wie ein Antrieb, sich auf Gott hin
auszudehnen, auf den, der uns wenig niedriger gemacht hat als er
selbst (Ps 8,6). Sie richtet uns auf, durchweht unser Leben mit
Freude und Lust (Ps 1,2). Sie läßt uns gerade durchs Leben gehen.
Ein Leben, das sich nicht im Chaos der Unverbindlichkeit, der
Nicht-Zugehörigkeit, der Sinn- und Gottlosigkeit verliert, sondern
mitgetragen wird durch das Eingebundensein in die Umfassung mit
Gott, der um uns weiß.
Mein Baum, angetrieben von der göttlichen Energie und Kraft,
strebt hin zur Quelle dieser Kraft. Wenn ich die Umfassung mit
Gott am stärksten spüre, dann ist das der Moment, in dem ich und

Er nahezu eins sind, wo ich ganz Teil seiner Ordnung, des von Ihm geschenkten Bezugsrahmens bin – ein Augenblick höchster Erfüllung. Jetzt tanzen meine Sinne, und ich verspüre in mir, was es meint, Lust zu haben am Gesetz des Herrn (Ps 1,2). Es meint, aufgehen in der Umfassung mit Dir, meinem Gott, all die Lebenskräfte und -säfte, die Du mir gegeben hast, zuzulassen, in mir und außerhalb von mir. Mich mit Leib und Seele, mit allem, was in mir leben will, nach Leben schreit, der Umfassung mit Dir zu überlassen. Es heißt, meinen Körper, meine Sexualität, mein Denken und mein Einfühlungsvermögen zu bejahen und walten zu lassen, das tun und zu lassen, wonach es ihnen verlangt, ausgerichtet an Dir, von dem alle Kraft kommt und auf den hin sich alle Kraft bewegt.

Wenn ich das vermag, dann verwelken meine Blätter nicht, und was ich mache gerät wohl (Ps 1,3). Solange ich mit meiner Lebensenergie, die Du bist, „Der Herr ist meines Lebens Kraft" (Ps 27,1), in Kontakt bleibe und von ihr gespeist werde, bleibe ich am Leben und in der Umfassung mit Dir, sind die Konturen meines Lebens gezeichnet und geprägt von der Umfassung mit Dir. Trete ich aus der Umfassung mit Dir, strebt nicht mehr länger alles in mir auf Dich hin, bist Du nicht mehr länger meine Energiequelle, dann fange ich an zu welken, auszutrocknen, einzugehen. Die Umfassung mit Dir, die meinem Leben Sinn, Ausrichtung, Ziel schenkte, die meine Sehnsucht, mein Verlangen nach Dir zuließ, unterstützte, verstärkte, ist brüchig geworden. Die Decke, die mich vorher zu wärmen und zu schützen vermochte, wird mir weggezogen. Ich fröstle und fühle mich wie ausgesetzt. Ich mag diese Erfahrungen kennen auch in Zeiten, in denen ich in der Umfassung mit Dir bleibe, sie aber innen bei mir nicht spüre, um dann aber wieder mit ihr in Berührung zu kommen, sie wieder zu spüren, damit aber das Eingebundensein in ihr wieder wie selbstverständlich Teil meines Lebens wird. Das ist allerdings etwas anderes als bewußt und willentlich herauszutreten aus der Umfassung mit Dir, ihr zu entsagen, mich demonstrativ von ihr abzuwenden.

5. „DIESER BAUM DA SINGT DAS LOB GOTTES"

„Dieser Baum da singt das Lob Gottes, indem er seine Wurzeln im Erdreich ausbreitet und seine Äste in die Luft und das Licht erhebt auf eine Weise, wie es kein anderer Baum vor oder nach ihm je getan hat oder tun wird" (Merton 1951, 22).

Dieser Mensch da singt das Lob Gottes, indem er seine Wurzeln im Erdreich ausbreitet, mit dem Humus, dem Erdboden verwachsen und verwurzelt ist, mit dem, was Leben, Fruchtbarkeit, Lebendigkeit spendet und ermöglicht. Zugleich ist er offen und empfänglich für das, was an Nahrung, an Licht, Luft, Erkenntnis und Segen von oben kommt. Seine Wurzeln reichen tief in die Erde, seine Äste weit in den Himmel. In all dem ist er einzigartig, kommen seine Eigenart, seine Einmaligkeit, seine Herrlichkeit zum Ausdruck.

Gibt es ein schöneres Bild für das, was Menschwerdung, Selbstverwirklichung meint, was das Ziel von Therapie und Beratung, von psychologischer und geistlicher Begleitung ausmacht? Nämlich, daß dieser Mensch da singt das Lob Gottes, indem er seine Wurzeln im Erdreich ausbreitet und seine Äste in die Luft und das Licht erhebt auf eine Weise, wie es kein anderer Mensch vor oder nach ihm je getan hat oder tun wird. So sagt auch Sigmund Freud, daß das Ziel der Therapie der Befreiung und Vollendung des eigenen Wesens dient und nicht der Anpassung an die Ideale und das Ebenbild beispielsweise des Therapeuten (vgl. Freud 1919, 190).

Nur solange eine Therapie oder eine Begleitung in diesem Respekt und in Hochachtung gegenüber der Einzigartigkeit des einzelnen praktiziert wird, trägt sie zur Menschwerdung und Selbstverwirklichung bei. Und nur solange eine Gesellschaft, eine Gemeinschaft in den Dienst dieser individuellen Ausprägung und Entfaltung des einzelnen tritt, zumindest diese nicht mit Rücksicht auf auch wichtige gesellschaftliche und gemeinschaftliche Ziele vernachlässigt, gar übergeht, ja durch Konformität blockiert, wird sie ihrer fundamentalen Aufgabe, Menschwerdung zu ermöglichen und zu fördern, gerecht. Um wieviel mehr gilt das für eine Religion und Kirche. Sie werden immer bedacht darauf sein, daß die Äste weit genug offen und empfänglich sind für den Himmel und seine Gaben, darauf, daß Menschen ihre Herzen, ihr Sein ausrichten nach oben. Sie werden das aber nur dann erreichen, wenn der Baum tief in der Erde verwurzelt und mit dem Leben, dem Humus, verbunden ist. Dann erst kann er Frucht bringen, blühen. Vor allem aber werden sie dabei jeden auf seine Weise Wurzeln schlagen, sich nach oben ausbreiten lassen, ja ihn und sie darin bestärken, ihre je eigene Weise zu finden und zuzulassen, um ihren Ton, ihre Melodie zum Lob und zur Ehre Gottes zu entdecken. Gott erfreut sich vor allem an ihrer Melodie, will, daß sie ihren Ton, Klang finden – auch weil er sich nicht in der Uniformität und Konformität, im „Auf-das-Eine-Zurechtgestutzte", im Vereinheitlichten, sondern im jeweils Eigenen, Individuellen, Einzigartigen wiederfindet und erkennt.

Um für mich selbst den mir eigenen Klang, meine Melodie zu finden, muß ich in die Tiefe hinabsteigen, sie für mich ergründen. Ich bedarf der Auseinandersetzung mit mir selbst, der Erfahrung meiner selbst. Was im Dunkeln ist, soll ins Licht gebracht, soll für mich erhellt werden, so daß ich es für mein Sein, das Verstehen meiner selbst verwerten kann, meine Melodie daran ausrichten, davon mich inspirieren lassen kann. Zugleich muß ich aber auch offen und empfänglich sein für das, was von oben kommt. Regen, die Luft, das Licht, den Himmel. Meine Melodie finde ich nur, wenn ich gegenüber den Einflüssen von oben nicht verschlossen bin, sie dankbar annehme, darauf aus bin, mich auch davon inspirieren zu lassen. Und wenn ich dann wie ein Klangkörper, der empfänglich ist für die Schwingungen aus der Tiefe und der Höhe, zu meinem Klang, meiner Melodie finde.

6. KAPITEL

SEELSORGE UND PSYCHOTHERAPIE: SEELSORGE FÜR DIE SEELSORGER/INNEN

1. SEELSORGER KÖNNEN VON PSYCHOTHERAPEUTEN LERNEN

Therapeuten, so Rollo May (1991, 151), gehören einem eigenartigen Beruf an. Der Therapeut hat zum Teil mit Religion zu tun. Seit Paracelsus in der Renaissance ist der Arzt – und später der Psychiater und psychologische Therapeut – in das Gewand des Priesters geschlüpft. Wir können nicht in Abrede stellen, so fährt Rollo May fort, daß wir Psychotherapeuten mit den moralischen und spirituellen Fragen der Menschen zu tun haben und als Teil unserer Ausstattung die Rolle des Beichtvaters übernommen haben. Das wird zum Beispiel deutlich in Freuds Position bei der Psychoanalyse, nämlich hinter der Person und für sie unsichtbar, eine Position, die an die Situation im Beichtstuhl erinnert.

Nicht wenige Menschen finden heute auch eher den Weg zum Psychotherapeuten als den zum Seelsorger. Das ist auch darauf zurückzuführen, daß sie sich von dem Psychotherapeuten mehr Hilfe erwarten, ihn für kompetenter erachten und sie insgesamt sich dort besser aufgehoben fühlen als beim Seelsorger. Und in vielen Situationen wird es auch besser sein, zum Psychotherapeuten zu gehen, da er über die Zeit, die Erfahrung und Kompetenz verfügt, die der Ratsuchende in seiner jeweiligen Situation benötigt.

Der Seelsorger wird auf der anderen Seite gut beraten sein, wenn er ohne Berührungsängste Psychotherapeuten begegnet, auf das hört, was sie zu sagen haben, und offen dafür ist, von ihnen zu lernen.

Gerade weil es eine Nähe zwischen dem Tun des Psychotherapeuten und des Seelsorgers gibt, manche ihrer Aufgabenbereiche sich sogar überschneiden, ist es wichtig, sich nicht voreinander abzuschotten, sondern sich gegenseitig zu bereichern. Die bestehenden Unterschiede werden dadurch nicht aufgehoben und sollen dadurch auch nicht aufgehoben werden.

Es macht, so Emil Wachter (1985, 56), die Herzkraft der Kirche und ihrer Organe aus, „sich mit umfassender Kenntnis um die Seele des Menschen zu kümmern, das heißt, um alle seine Fragen und um die wichtigsten zuerst. Genau das heißt Seel-Sorge." Seelsorger und Seelsorgerinnen haben einen speziellen Auftrag. Ihr Sprechen und Tun ist immer auch darum bemüht, das, was den Menschen unbedingt, letztendlich angeht, zur Sprache und zum Ausdruck zu bringen. Allein das können sie immer nur menschlich vermitteln, vor allem aber auch durch ihre einzelne Person. Damit wird nicht gesagt, daß es allein von der jeweiligen Person abhängt, ob ich im anderen zum Beispiel eine Sensibilität für das, was Menschen unbedingt angeht, wecken kann oder ein Sakrament wirkt. Es geht darum, nicht an der eigenen Person vorbei, unter Umgehung von ihr, von Gott zu erzählen, den Menschen zu helfen, in Kontakt mit Gott zu kommen. Und es geht darum, die menschlichen Möglichkeiten, die wir als Vermittler von dem, was Menschen unbedingt angeht, haben, zu nutzen. In uns Menschen ist bereits so viel Schönes hineingelegt worden, das in seiner ganzen Pracht zugelassen und zur Entfaltung gebracht werden darf und soll, etwas, das auf der Suche nach dem „Eigentlichen" oder aus falscher Rücksicht, dadurch das „Eigentliche", das Übernatürliche zu beeinträchtigen, nicht vernachläßigt werden darf.

Es ist der Schatz menschlicher Erfahrung, der dabei vielfach übergangen, nicht entsprechend gewürdigt wird. Und gerade in diesem Bereich können Theologen und Seelsorgerinnen von Psychologinnen und Psychotherapeuten lernen, um dabei gelegentlich zu entdecken, daß so manches, das sie lediglich ins Wort fassen – wie Liebe,

Nähe, Annahme, Empathie, heilende Begegnung –, hier gelebt und erfahren wird. Bis dahin, daß im psychotherapeutischen Bereich spirituelle Erfahrungen gemacht werden, die von einer Tiefe sind, wie sie im Rahmen der üblichen Seelsorge nur selten anzutreffen sind.

Ich möchte jedenfalls Seelsorger und Seelsorgerinnen einladen, noch mehr auf das zu hören, was Psychologen und Psychotherpeuten wie Carl Rogers, Rollo May, Viktor Frankl oder Alexander Lowen über ihre Erfahrungen mit den Menschen unserer Zeit berichten. Vor allem auch dann, wenn diese Erfahrungen das Ergebnis sind von deren Auseinandersetzung mit der Welt, der Welt von heute und vor allem auch der Begegnung mit den Menschen, die als Hilfesuchende zu ihnen kommen. Sie werden darin vieles entdecken, das sie für sich selbst und für ihre Arbeit als Seelsorger oder Seelsorgerin nutzen können. Es geht dabei nicht darum, daß sie all das einfach übernehmen oder gar sich in ihrem Tun darauf beschränken, was Psychologen und Therapeutinnen tun. Es geht darum, das, was ihre Arbeit, ihren Dienst, ihren Auftrag ausmacht, davon bereichern zu lassen. Was immer die Gründe dafür sein mögen, daß Psychotherapeuten zunehmend die Rolle der Priester und Seelsorger übernommen haben, es mag der Zeitpunkt gekommen sein, daß Seelsorger und Seelsorgerinnen vorbehaltloser dafür offen sind, was sie von Psychologinnen und Psychotherpeuten lernen können, auch um dabei herauszufinden, was es denn ist, daß viele Menschen offensichtlich eher den Weg zur Psychotherapeutin finden als zum Seelsorger.

2. „Es Ist, Als Habe Meine Seele Fühler Ausgestreckt Und Die Seele Des Anderen Berührt"

Wenn ich dem transzendentalen Kern von mir nahe komme

Seelsorger und Seelsorgerin sind immer wieder und vor allem auch Menschen, von denen Heilendes ausgeht. Sie können das nicht einfach „machen". Was sie aber tun können, ist dafür offen zu sein, das zu bewirken, sich darauf hin zu disponieren und daran zu glauben, daß sie diese Fähigkeiten haben (vgl. Müller 1994a).

Therapeutische Fähigkeiten in der ursprünglichen Bedeutung von therapeutisch sind also heilende Fähigkeiten. Carl Rogers (1981, 79f.) entdeckte erst recht spät neben den Fähigkeiten, sich einfühlen zu können, den anderen bedingungslos anzunehmen und echt zu sein, ein weiteres wichtiges Charakteristikum, das sich heilend auf den therapeutischen Prozeß auswirkt. So sagt er: „Ich stelle fest, daß von allem, was ich tue, eine heilende Wirkung auszugehen scheint, wenn ich meinem inneren, intuitiven Selbst am nächsten bin, wenn ich gewissermaßen mit dem Unbekannten in mir in Kontakt bin, wenn ich mich vielleicht in einem veränderten Bewußtseinszustand befinde. Dann ist allein schon meine Anwesenheit für den anderen befreiend und hilfreich. Ich kann nichts tun, um dieses Erlebnis zu forcieren, aber wenn ich mich entspanne und dem transzendentalen Kern von mir nahe komme, dann verhalte ich mich manchmal merkwürdig und impulsiv in der jeweiligen Beziehung, ich verhalte mich auf eine Weise, die ich rational nicht begründen kann und die nichts mit meinem Denkprozeß zu tun hat. Aber dieses seltsame Verhalten erweist sich merkwürdigerweise als richtig: Es ist, als habe meine Seele Fühler ausgestreckt und die Seele des anderen berührt. Unsere Beziehung transzendiert sich selbst und wird ein Teil von etwas Größerem. Starke Wachstums- und Heilungskräfte und große Energien sind vorhanden."

Gibt es eine schönere Beschreibung von Seelsorge als die Weise, mit der Carl Rogers besonders dichte und nahe Momente der therapeutischen Begegnung charakterisiert? „Es ist, als habe meine Seele Fühler ausgestreckt und die Seele des anderen berührt." Wo mache ich als Seelsorger und Seelsorgerin in meiner seelsorglichen Arbeit, in meinen seelsorglichen Begegnungen solche Erfahrungen? Und wo machen die Menschen, für die ich da bin, in der Begegnung mit mir solche Erfahrungen? Und noch einmal anders gefragt: Wo mache ich als Seelsorger und Seelsorgerin für mich persönlich die Erfahrung, daß ich in der Aufmerksamkeit, in der Hinwendung und Nähe, die andere mir schenken, das Gefühl habe, ihre Seele berührt mich, meine Seele?

Die Menschen sehnen sich danach, ihr Herz öffnen zu können

Kann man, wenn man eine solche Aussage von Carl Rogers, dem Begründer der Gesprächspsychotherapie, liest, nicht auch verstehen, warum viele Menschen inzwischen bei Psychotherapeuten gefunden haben, was sie einst beim Seelsorger suchten? Und das auch deshalb, weil sie dort in ihrem Innersten angesprochen werden, Erfahrungen machen dürfen, die spiritueller Art sind, die ihrem Verlangen nach spiritueller Erfahrung gerecht werden, mehr gerecht werden als die Begegnung mit einem Priester oder einer Seelsorgerin, die vollgestopft sein mögen mit viel Theologie, kirchlichen Vorschriften oder auch Gesprächstechnik, nicht aber in Berührung sind mit dem Innersten in ihnen selbst, und dieses Innerste in ihnen selbst dann auch nicht in der Begegnung mit den Suchenden zum Klingen und Schwingen bringen lassen.

Ich will mich damit nicht gegen Theologie, Kirchlichkeit und eine solide Kenntnis in Gesprächsführung aussprechen. Sie haben ihren Platz und ihre Bedeutung. Sie sind aber nicht wichtiger als die therapeutischen Fähigkeiten des Seelsorgers und der Seelsorgerin. Vor allem aber dürfen sie nicht Anlaß dafür sein, daß diese therapeutischen, heilenden Fähigkeiten nicht zum Zuge kommen, nicht zugelassen und zum Ausdruck gebracht werden. Oder wenn der zölibatäre Lebensstil des Seelsorgers dazu führen würde, daß er sich gegenüber sich selbst und den anderen, für die er da ist, verschließt, daß er ihnen weniger nahe, sie ihm weniger vertraut sind, dann würde das seine heilenden Möglichkeiten als Seelsorger beschneiden.

Die Menschen sehnen sich nach Männern und Frauen, denen gegenüber sie ihr Herz öffnen können, an die sie sich in ihrer psychischen und geistlichen Not, in ihrem seelischen Leiden, wenden können, die ihnen nahe sind. Denen sie das sagen können, was sie belastet, wo sie sich schuldig fühlen, ja gesündigt haben. Sie haben aber kein Interesse, das einem Beamten zu sagen, einem Mann oder einer Frau, die sich hinter ihrem schwarzen Anzug oder Rock verstecken, in der Begegnung selbst dicht machen, sich, ihr Innerstes heraushalten. Bei denen kann leicht der Eindruck erweckt werden, sie tun halt ihre Pflicht oder sie haben eigentlich keine Zeit und sind auch eigentlich gar nicht an ihnen wirklich interessiert.

In einem Gedicht beschreibt Wilhelm Willms (1986), wie nahe Jesus an Menschen heranging und dadurch, durch seine Nähe, Heilung bewirkte:

als jesus
den tauben heilte
da ist er mit dem finger
in dessen ohren gegangen
er blieb nicht auf distanz
jesus ist ganz dicht
an den tauben herangetreten
und hat gesagt:
komm laß mich mal an deine ohren heran
und dann hat jesus mit dem finger
in seinen ohren gebohrt
sie waren nämlich total verstopft
jesus hat den gehörgang des tauben

frei gemacht
von floskeln
von lügen
von allgemeinplätzen
von vorurteilen
ganz tief drinnen
steckten religiöse sprüche
direkt auf dem trommelfell
und das war das schlimmste
sie saßen ganz tief drinnen
das alles hatte den mann taub gemacht
er konnte durch diesen ganzen wust
nicht mehr richtig hindurchhören
jesus hat das geschafft
indem er ganz nahe
an den mann heranging
und nicht bloß distanziert
belehrungen und ermahnungen erteilte
von oben herab
als seelsorger
von amts wegen auftrat

Chesterton (in: Nouwen 1990, 14) schreibt vom hl. Franziskus: „Was ihm eine ungewöhnliche Macht verlieh, war dies: daß … es nie einen Menschen gab, der in jene braunen und brennenden Augen gesehen hätte, ohne es als Gewißheit zu empfinden, daß Franziskus Bernardose ein wahrhaftes Interesse an ihm und an seinem eigenen Innenleben nahm…, daß er selber wertgeschätzt und ernstgenommen… wurde."

Menschen, bei denen ich diese Erfahrung machen darf, ziehen mich an. Zu ihnen gehe ich gerne. Danach drängt es mich geradezu. Viele Menschen, Suchende, Beladene, auch mit Schuld Beladene, sehnen sich danach, in solche Augen schauen zu können, erfahren zu dürfen, daß jemand wirklich für sie da ist, sie ganz ernst nimmt, wirklich echt an ihnen Anteil nimmt. Von vielen Seelsorgern und Seelsorgerinnen geht aber eine solche Ausstrahlung nicht aus, von ihnen und ihren Augen geht eine solche Wirkung nicht aus, in ihrer Anwesenheit machen sie nicht diese Erfahrung.

Wo erfahren Seelsorger heilende Nähe?

Und die Seelsorger und Seelsorgerinnen selbst? Wohin können sie gehen? Ein Spiritual äußerte mir gegenüber einmal den Verdacht, daß viele Priester bei einem Beichtvater ihre Beichte ablegen, der den Namen „Pater Schnell" hatte, weil er dafür bekannt war, daß „die Sache" bei ihm schnell erledigt war. Wenn Seelsorger auf diese Weise so etwas Intimes wie die Beichte über sich ergehen lassen und es auch sonst in ihrem Leben keine Erfahrungen gibt, wie sie zum Beispiel Rogers von Begegnungen mit Ratsuchenden schildert, oder wie sie die Menschen machen durften, die mit Franziskus zusammen waren, dann geht diesen Seelsorgern etwas Entscheidendes ab, dann fehlt ihrem Sein und ihrer Arbeit der Bezug zur Mitte. Ja, dann fehlt ihnen die Erfahrung ihrer Mitte. Können sie dann, wenn ihnen all das fehlt, wirklich bei der Feier der Eucharistie die Erfahrung machen, daß die Fühler ihrer Seele sich ausstrecken und Gott, Gottes Seele berührt? Sind sie dann sensibel genug, um Gott zu spüren, wie er die Fühler seiner Seele ausstreckt, um sie, ihre Seele zu berühren?

Seelsorge für Seelsorger, Seelsorgerinnen, Priester und Ordensleute heißt für mich auf diesem Hintergrund: Seelsorgern und Seelsorgerinnen Erfahrungen zu ermöglichen, die das Innerste in ihnen wecken, zur Entfaltung bringen lassen. Erfahrungen zu ermöglichen, bei denen sie die Seele des anderen, sein echtes Interesse, sein Dasein für sie, seine Sorge für und um sie, spüren. Dabei können sie erfahren, wie ihre Beziehung zu dem, der für sie da ist, sich selbst transzendiert und Teil von etwas Größerem wird. Sie, deren Sorge

111

der Seele, dem ganzen Menschen, in dem, was ihn unbedingt und letztendlich angeht, gilt, können dann bei sich selbst erfahren, was es heißt, die Sorge eines anderen um mich, mich als ganzen Menschen, auch um mein Innerstes, zu erfahren und zu spüren. Ja, sie können dann bei sich selbst die Erfüllung jenes tiefen Sehnens nach Sorge, Zuneigung und Annahme erleben, die sich so viele von ihnen als Seelsorger und Seelsorgerin ersehnen.

3. MIT DEM HERZEN IN BERÜHRUNG SEIN

Ein offenes Herz

Der Seelsorger ist mit seinem Herzen in Berührung. Er ist in Kontakt mit ihm. Sein Herz ist offen. Es ist nicht zugestellt, nicht eingemauert. Von ihm kommt die Kraft, die sein Tun durchwirkt. In seinem Tun, in seinem Wirken, in dem, was er und sie ausstrahlen, zeigt sich ihr Herz.

„Die Wärme, die uns mit der Welt vereint, in der wir leben, fließt," so Alexander Lowen (1993, 72), „von unserem Herzen. Das Gefühl der Liebe ist nichts anderes als diese Wärme." Und weiter meint er: „Wenn man ein erfülltes und reicheres Leben führen möchte, muß man sein Herz zuerst dem Leben und der Liebe öffnen. Ohne Liebe – zu sich selbst, zu Mitmenschen, zur Natur, zum Kosmos" – und ich möchte ergänzen zu Gott – „ist ein Mensch kalt, isoliert und inhuman, also unmenschlich."

Barmherzigkeit, ein entscheidendes Kennzeichen von Seelsorge, kann sich ausbreiten, breit machen, wenn mein Herz frei ist, wenn mein Herz so geöffnet ist, daß es fließen kann. Dann, wenn ich nicht verkrümmt, mein Herz, meine Seele versteckt haltend durch's Leben gehe. Wenn ich mit offenem Herzen durch's Leben gehe, mache ich mein Herz zum Radarschirm und zum Kompaß, verlasse ich mich auf mein Herz. Wo mir das gelingt, muß ich keine Angst haben, daß andere zu kurz kommen. Ich muß zugleich aber auch keine Angst haben, daß ich zu kurz komme. Wenn ich mit offenem Herzen durch die Welt gehe, werde ich vieles zulassen können, wird mich vieles – auch tief – bewegen, werde ich spontan in Aktion treten können. Ich werde zugleich immer wieder beschenkt werden, etwas bekommen, bereichert werden.

Damit ich als Seelsorger, Seelsorgerin, als Priester und Ordensfrau diese Wärme zunächst einmal bei mir selbst spüren und sie dann auch weitergeben kann, damit wir Liebe empfangen und weitergeben können, muß unser Herz zugänglich sein. Das aber ist, so Alexander Lowen (32), „keine leichte Aufgabe. Das Herz wird von einer knöchernen Bastion, dem Brustkorb, geschützt, und wer sich ihm nähert, muß starke psychologische und physische Sperren überwinden. Wenn wir unser Ziel erreichen wollen, müssen wir diese Abwehrmechanismen verstehen und durcharbeiten. Wenn wir es nicht erreichen, ist das Ergebnis tragisch."

„Natürlich ist das Herz König"

„Jedes Herz", sagt Alexander Lowen (1993, 98), „braucht einen Kopf, der ihm Augen und Ohren schenkt, damit es mit der Wirklichkeit in Kontakt bleiben kann. Man darf aber nicht zulassen, daß der Kopf die Macht übernimmt; das wäre Verrat am Herzen." Anhand eines eigenen Traumes schildert Alexander Lowen (94ff.), wie ihm diese Aussage für sein Leben deutlich geworden ist. Er hatte geträumt, er sei „der persönliche Berater eines infantilen Königs, also eines Königs, der noch Kind war. Dieser König glaubte, ich hätte ihn verraten, und befahl, man solle mich enthaupten. In dem Traum wußte ich, daß ich ihn nicht verraten hatte, und rechnete fest damit, er würde seinen Irrtum einsehen, mich begnadigen und wieder in mein Amt einsetzen…" Unmittelbar vor der Hinrichtung – der Scharfrichter stand schon mit einem großen Beil in der Hand neben mir – „beugte sich der Henker nach unten, um die Kette zu lösen, mit der man meine Beine gefesselt hatte. Das ging sehr schnell, denn die Fesseln um meine Knöchel bestanden nur aus dünnem Draht. Ich begriff plötzlich, daß ich es selbst hätte tun können, und erwachte."

Während Alexander Lowen den Traum zunächst nicht so recht zu interpretieren wußte und ihn auch nicht so wichtig nahm, traf es ihn eines Tages wie der Blitz. „Ich wußte plötzlich", schreibt er, „wer der infantile König wirklich war. Es war mein Herz... Ich hatte mein Herz verraten. Ich hatte ihm nicht vertraut und es deshalb in einen besonders engen, starren Brustkorb gesperrt. Das ‚Ich' des Traumes war mein Ego, mein bewußter Geist, mein Intellekt. Dieses ‚Ich', der Intellekt, war der persönliche Berater, der die Dinge für den eingesperrten infantilen König in die Hand nahm."

Alexander Lowen (97f.) schreibt weiter: „Natürlich ist das Herz König oder sollte es wenigstens sein. Jahrelang hatte ich erklärt, man solle auf sein Herz horchen und ihm folgen. Das Herz ist der Mittelpunkt oder der Kern des Lebens, und seine Herrschaft ist Liebe... Ich hatte als kleines Kind erfahren, wie herzzerreißend es ist, wenn man betrogen oder verraten wird. Ich hatte erlebt, daß meine Mutter wütend auf mich wurde, obgleich ich sie nur darum bat, in meiner Nähe zu bleiben. Ich beschützte mein Herz, damit es nie mehr so verletzt würde. Leider nahm dieser Schutz den Charakter einer Einkerkerung an, denn ich blockierte den Kommunikationsweg zwischen meinem Herzen und der Welt, und mein Herz siechte dahin. Ich war für den Herzanfall prädestiniert."

Wenn unser Herz nicht auf seine Kosten kommt, wenn es nicht Königin und König in unserem Leben ist, wenn wir uns unseren Lebensrhythmus nicht länger vom Herzen vorschreiben lassen, uns seinem Rhythmus anpassen, dann riskieren wir unseren Tod, den physischen und lange vorher schon den psychischen Tod.

Seelsorge für Seelsorger: Wieder in den Rhythmus des Herzens einschwingen

Hier ist es geradezu mit der Hand zu greifen, wie vor aller Ausbildung in Theologie, vor allem Einüben ins Predigen oder Beraten und Begleiten, die Ausbildung des Herzens gefragt ist. Dem Herzen die Möglichkeit zu geben, sich zu entfalten, sich auszudrücken, sich auszudehnen und zu weiten, es zu befreien von den Blockaden, den Panzern, die sich um es gelegt haben, muß eine vordringliche Aufgabe werden. Ich muß lernen, mich zunehmend seiner Führung anzuvertrauen, mögen auch alte Wunden dazu beitragen, daß ich mich zunächst dagegen sperre.

Seelsorge für Seelsorgerinnen, Priester und Ordensleute kann hier heißen, ihnen zu helfen, ihrem Herzen wieder den Platz einzuräumen, der ihm gebührt. Es zu befreien aus den Verengungen und Verstrickungen, die es blockieren, lähmen, es immer schwächer werden lassen. Diesem Herzen muß endlich die Aufmerksamkeit, die Sorge und liebevolle Zuwendung geschenkt werden, nach der es sich sehnt. Spürt es aber dieses Interesse, diese Fürsorge und diese liebevolle Zuwendung, dann spürt es sich selbst wieder, meldet es sich wieder, tritt es heraus aus dem Verließ, in das es hineingestoßen wurde, und entfaltet seine Kraft. Es übernimmt dann die ihm zukommende Führung und Gestaltung des Lebens.

Was dann hinzukommt an Theologie, Praxiserfahrung, an Spiritualität, muß sich im Einklang mit dem Rhythmus des Herzens befinden, muß auf seine je eigene Weise Ausdruck des Herzens sein. Es darf auf keinen Fall – um alles in der Welt nicht – neue Blockaden, einen neuen Panzer um das Herz legen, den Rhythmus des Herzens irritieren, verzerren oder gar blockieren. „Unser Herz ist von Dir nicht gewichen, noch abgeglitten unser Schritt von deinem Pfad" (Ps 44).

Und während mir alle diese Gedanken durch den Kopf und das Herz gehen, wird es mir schwer ums Herz, weiß ich doch, habe ich es doch selbst erfahren und erfahre ich es immer wieder, wie sehr die Kirche selbst, ihre Lehre, jene, die anscheinend in ihr das Wort haben, mitunter den Eindruck erwecken, als wollten und pflegten sie einen Rhythmus, der nicht der des Herzens ist. Deren Rhythmus wird, so scheint es, zuweilen von Macht, herzloser Wahrheit und unmenschlichem Verhalten, das als göttlicher Wille ausgegeben wird, bestimmt. Muß ich da, so mag mancher Seelsorger fragen, mein Herz nicht zuallererst vor der Kirche selbst schützen, damit es nicht verletzt wird, damit ich nicht verletzt werde, ich, mein Herz dann nur noch dahinsiechen und für den Herzinfarkt prädestiniert sind?

Dabei müßte doch die Kirche, müßten die, die in ihr arbeiten, die in ihr das Sagen haben, sich mit dem Rhythmus des Herzens bewegen. Müßten gerade sie so etwas wie die Fortsetzung der vom Rhythmus des Herzens, seinem Schlagen ausgehenden Schwingungen sein? Sie müßten so etwas wie die Umsetzung des Herzens verkörpern. Stattdessen geben gerade sie oft Anlaß dazu, daß sich Herzen verschließen, Herzen von Seelsorgern und Seelsorgerinnen, die oft diesen Beruf gewählt haben, weil sie hofften, darin ihren Kern, das ist ihr Herz, verwirklichen zu können, daß heißt aus der Fülle geschenkter Liebe, sich für andere hinzugeben.

4. Der Schrei nach Mythen und die Offenheit für das Geheimnis

Rollo May (1991) hat ein Buch geschrieben mit dem Titel „Der Schrei nach Mythos". Für ihn ist der Mythos eine Weise, in einer sinnlosen Welt Sinn zu finden. Mythen geben unserem Leben Halt, indem sie es einbetten, verwurzeln, in einen Rahmen, in einen Grund, der über das hinausgeht, was wir durch unser Tun zum Gelingen des Lebens beitragen können. „Mythen sind den Balken in einem Haus vergleichbar; von außen nicht sichtbar, machen sie die Struktur aus, die das Haus zusammenhält, so daß Menschen darin leben können."

Durch die Mythen bricht die Ewigkeit in die Gegenwart ein. Sie erinnern uns an etwas, das über das hinausgeht, was wir hören, fühlen und sehen. Sie bringen uns in Beziehung zu etwas, das höher und zugleich tiefer „geht". Vor allem aber verankern sie uns mit einer Welt, einem Bereich, einer Dimension, die uns zu umfassen, zu tragen, zu halten vermag. Sie bahnen schließlich dem, der dafür offen ist und dem es geschenkt wird, den Weg zu Dem, der Gegenwart und Ewigkeit verbindet. Sie können helfen, uns offener und bereiter zu machen, Ihm im Erahnen Seines Seins näherzukommen.

Der Schrei nach Mythen steht für mich in einem engen Zusammenhang mit dem, was Martin Heidegger (1985, 24) „die Offenheit für das Geheimnis" nennt. So meint er: „Achten wir... eigens und stets darauf, daß uns überall in der technischen Welt ein verborgener Sinn anrührt, dann stehen wir sogleich im Bereich dessen, was sich uns verbirgt und zwar verbirgt, indem es auf uns zukommt. Was auf solche Weise sich zeigt und zugleich sich entzieht, ist der Grundzug dessen, was wir das Geheimnis nennen." Die Offenheit für das Geheimnis gewährt uns die Möglichkeit, so Martin Heidegger weiter, uns auf eine ganz andere Weise in der Welt aufzuhalten. Sie verspricht uns einen neuen Grund und Boden, auf dem wir innerhalb der technischen Welt, und ungefährdet durch sie, stehen und bestehen können. „Die Gelassenheit zu den Dingen und die Offenheit für das Geheimnis geben uns den Ausblick auf eine neue Bodenständigkeit. Diese könnte sogar eines Tages geeignet sein, die alte, jetzt rasch hinschwindende Bodenständigkeit in einer gewandelten Gestalt zurückzurufen... Allein", so Martin Heidegger weiter, „die Gelassenheit zu den Dingen und die Offenheit für das Geheimnis fallen uns immer von selber zu. Sie sind nichts Zufälliges – beide gedeihen nur auf einem unablässigen herzhaften Denken" (25).

Viktor Frankl hat seit Jahrzehnten immer wieder darauf aufmerksam gemacht, wie wichtig es für den Menschen ist, einen Sinn zu haben. Beim letzten Weltkongress „Evolution of Psychotherapy" im Sommer 1994 in Hamburg faßte er noch einmal seine Erkenntnisse, die er mit der Logotherapie in ein therapeutisches Konzept brachte, zusammen. Es gibt, so meint er, nicht nur den Willen zur Lust, wie Freud meinte, und den Willen zur Macht, sondern auch den Willen zum Sinn. Aufgabe des Therapeuten sei es, seinem Klienten einen Sinn zu geben. Was Viktor Frankl immer und immer wieder proklamierte, ohne auf all zu große Beachtung zu stoßen, scheint inzwischen mehr Gehör zu finden. Seine Suche nach dem Sinn reiht sich ein in Martin Heideggers Plädoyer für die Offenheit für das Geheimnis und Rollo Mays Schrei nach dem Mythos.

Es liegt auf der Hand, daß hier von Erfahrungen, Sehnsüchten und Erkenntnissen die Rede ist, die für religiöse Menschen, für Seelsorger und Seelsorgerinnen, für Ordensleute, für ihr eigenes Leben und ihre Aufgabe von fundamentaler Bedeutung sind.

Der Seelsorger als Bewahrer der Mythen, des Geheimnisvollen und Pfleger unseres Wurzelgrundes

Als Seelsorger oder Seelsorgerin will ich jemand sein, der in Berührung und in Kontakt mit seinem Wurzelgrund, dem Boden des Geheimnisvollen, dafür Sorge trägt, daß diese Dimension in unserer Welt, in unserer Wirklichkeit nicht ausgeblendet wird und einhergehend damit unserem Leben und unserem Tun eine Bedeutung und ein Sinn gegeben werden kann, die tiefer gehen. Das aber setzt zunächst einmal voraus, daß ich selbst mit diesem Wurzelgrund in Berührung bin, daß ich selbst mit ihm in Kontakt bin, daß mein Leben selbst damit verwoben ist. Ja, daß dieses Eingebundensein so etwas wie meine Wurzeln ausmacht, die mich erden, die mir die nötige Tiefe verleihen. Ich bin dann als Seelsorger oder Seelsorgerin auch jemand, der sich als Schützer oder Schützerin des Geheimnisvollen versteht, der in der Begegnung mit den Menschen dieses Geheimnisvolle verkörpert, der daran erinnert und, indem er es selbst repräsentiert durch seine Person, anderen hilft, daß sie mit dem eigentlich tief in ihnen selbst verankerten und vewurzelten Geheimnisvollen wieder in Berührung kommen, es zulassen und für ihr Leben fruchtbar machen.

So gilt es, daß Seelsorger und Seelsorgerinnen, Priester und Ordensleute sich immer wieder selbst vergegenwärtigen, wie es um ihren Wurzelgrund steht, wie es mit ihrer Offenheit für das Geheimnis aussieht. Ist es vielfach nicht genauso ausgedorrt und beschädigt wie bei vielen anderen Zeitgenossen? Mit der Folge, daß ihre Empfänglichkeit für das, was über sie hinausgeht, das das Ewige erahnen läßt, was sie Ihm näher bringen mag, eingeschränkt ist?

Hier wird deutlich, daß unabhängig von meiner Kirchlichkeit, auch von meiner Religionszugehörigkeit, ich als Seelsorger oder Seelsorgerin zunächst jemand bin, der den Bezug zu dem Geheimnisvollen selbst nicht verloren hat, und dann in der Begegnung mit anderen sich so verhält, daß es ihnen nicht unnötig erschwert wird, wieder mit dem eigenen Geheimnisvollen in Berührung zu kommen. Das vermag ich aber nur, wenn ich dieses Geheimnisvolle nicht mit etwas befrachte, daß jemanden, der moralisch anders denkt und fühlt, der andere Lehrinhalte kennt und schätzt als ich, es unnötig schwer gemacht wird, zunächst einmal wieder mit dem Geheimnisvollen an sich in Berührung zu kommen. Das aber ist die Voraussetzung dafür, damit das, was ich als Seelsorger auch bezogen auf Lehre, Moral und Kirchlichkeit vermitteln möchte, überhaupt erst fußen kann.

Im Schlaf – so der jüdische Schriftsteller Friedrich Weinreb – tauchen wir in den göttlichen Wurzelgrund: In unseren Träumen kann daher auch in besonderer Weise etwas von dieser göttlichen Quelle offenbar werden, kann Gott zu uns sprechen.

Seelsorger und Seelsorgerinnen werden ein großes Interesse daran haben, über ihre Träume mit diesem göttlichen Wurzelgrund in Berührung zu bleiben. Für sie wird es wichtig sein, sich ihre Träume in Erinnerung zu rufen und in ihnen die Stimme Gottes ausfindig zu machen. Wie Erich Fromm den Traum mit dem Brief eines

Freundes vergleicht, dessen Inhalt zu kennen wichtig ist, so wird für sie der Traum die Bedeutung einer Botschaft Gottes haben, die kennenzulernen sie begierig sind. Diese Offenheit und Wachheit für das Tiefere in ihnen, wird ihnen helfen, in der Begegnung mit den Menschen, für die sie da sind, offener und wacher für deren Tieferes zu sein und in ihrer Begegnung mit ihnen, in ihrem Dasein für sie, dieses Tiefere mit einzubeziehen. Sie werden dadurch zugleich aber auch mit ihrer Verbundenheit mit Gott auf einer tieferen Ebene in Berührung sein.

Jedermann, Jedermann, Jedermann

„Jedermann, Jedermann, Jedermann" schallt es vom Salzburger Dom. Und der Ruf breitet sich schnell über die ganze Stadt aus: „Jedermann, Jedermann, Jedermann". Das Heer von Touristen, das sich durch die Altstadt Salzburgs zwängt, geschäftstüchtig in der Getreidegasse, etwas gemächlich am Alten Markt, die miesepetrigen Droschkenkutscher, gestreßt von den sie ständig umzingelnden, sich streitenden Interessenten für eine Fahrt durch die Altstadt, die feinen Damen auf dem Weg zum Friseur und ins Cafe, die Festspielgäste aus aller Welt: „Jedermann, Jedermann, Jedermann" dringt an ihr Ohr. Menuhin und Abbado, Lorin Maazel und der nicht aus den Schlagzeilen kommende Gerárd Mortier – sie vernehmen zunächst von Ferne und dann immer lauter werdend: „Jedermann, Jedermann, Jedermann". Und schon ist das ganze Salzburger Land erfüllt von dem Ruf: „Jedermann, Jedermann, Jedermann". Es klettert die Niederen Tauern und schließlich das Dachsteingebirge hoch. Von dort erschallt es allüberall vernehmbar: „Jedermann, Jedermann, Jedermann". Jetzt ist der Ruf nicht mehr zu bremsen. Er verbreitet sich über die ganze Erde bis er als Echo schließlich wieder zu dem Salzburger Dom zurückkehrt.

Dieses „Jedermann, Jedermann, Jedermann" – es müßte eigentlich jedem ins Fleisch schneiden. Es müßte eigentlich jeden tief in seiner

Seele berühren, ihn aufwühlen und umkehren lassen. Es müßte jeden wenigstens jetzt, wenigstens in dem Augenblick, in dem er diesen unheimlichen Ruf vernimmt, innehalten lassen, ihn mit dem in Berührung bringen, was über das hinausgeht, was er sieht, anlangen, besitzen und erreichen kann. Wenigstens jetzt, so möchte man meinen, müßte in jeder Person wenigstens ein Funke für das geweckt werden, worum es letztlich geht.

Seelsorger und Seelsorgerinnen rufen das „Jedermann, Jedermann, Jedermann" in jeden Winkel der Erde. Wo immer sie sind, was immer sie tun, was immer sie sagen: Es ist durchdrungen und umrahmt von dem Ruf: „Jedermann, Jedermann, Jedermann". Sie sind wie die Propheten des Alten Testaments, die mit der Klingel in der Hand durch die Gassen und Straßen der Städte liefen und ihr: „Jedermann, Jedermann, Jedermann" hinausschrien. Die Seelsorger erinnern durch ihr Leben, ihr Auftreten an Jesu Todesschrei, der wie ein „Jedermann, Jedermann, Jedermann" in aller Welt, in jedem Herzen vernehmbar und spürbar werden soll.

Dieses „Jedermann, Jedermann, Jedermann" ist vor allem aber tief in ihr Herz und ihre Seele eingedrungen. Nicht, um ihm Angst zu machen, nicht, um ihm mit dem Letzten Gericht zu drohen. Es ist so tief dort eingedrungen, um sie so weit zu machen, sie so tief sehen, spüren, ahnen zu lassen, sie so sehr über sich selbst und das, was sie sehen, berühren, besitzen, erlangen können, hinausgehen lassen, daß sie um dieses Letzt-End-liche „wissen", sie so sehr davon besetzt, ja besessen sind, daß sie gar nicht mehr anders können als immer und immer wieder mit allem, was sie ausmacht und beseelt, „Jedermann, Jedermann, Jedermann" zu flüstern, zu sprechen, zu schreien, zu brüllen, so sehr, daß das „Jedermann, Jedermann, Jedermann" in ihnen Gestalt annimmt und sie, ohne daß sie etwas sagen müssen, den andern und die andere den Ruf vernehmen lassen: „Jedermann, Jedermann, Jedermann". Um sich davon treffen, berühren, aufwühlen zu lassen – oder aber sich ihm zu verschließen.

„*Auch den Sisyphos sah ich, von schrecklicher Mühe gefoltert,*
Einen schweren Marmor mit großer Gewalt fortheben.
Angestemmt arbeitet' er stark mit Händen und Füßen,
Ihn von der Au' aufwälzend zum Berge. Doch glaubt' er ihn jetzo
Auf dem Gipfel zu drehn, da mit einmal stürzte die Last um:
Hurtig mit Donnergepolter entrollte der tückische Marmor.
Und von vorn arbeitet' er, angestemmt, daß der Angstschweiß
Seinen Gliedern entfloß und Staub sein Antlitz umwölkte."
(Homer, 163f.)

Ist das nicht ein Bild, das unser aller Schicksal als Menschen kennzeichnet und das sich auch auf die Situation vieler Seelsorger, Priester und Ordensleute übertragen läßt? Immer wieder müssen wir uns erneut aufmachen, den Felsbrocken, uns, unser Leben, auf ein Ziel hin, den Gipfel, zu bewegen. Und wenn wir meinen, es geschafft zu haben, entgleitet uns der Felsbrocken, donnert den Berg hinunter, und wir müssen wieder von vorne beginnen.

Wenn ich aufmerksam dem lausche, was mir Seelsorger und Seelsorgerinnen erzählen, höre ich aus ihren Berichten, wie sich in ihrem Leben und in ihrer Arbeit immer wieder das Schicksal des Sisyphos wiederholt. Ihr Mühen, ihr großer Einsatz und die Erfolglosigkeit, die sie vielfach als Scheitern erleben.

Bei manchen führt das dazu, daß sie stumpf werden, resignieren, der Monotonie verfallen. Solange sie noch Kraft in sich spüren, stemmen sie den Felsblock hoch, oft nur noch aus Gewohnheit und Routine, ja fast schon aus einem Zwang heraus. Oben angekommen, entgleitet er ihnen, oder sie lassen ihn los, wissen sie doch, daß er so und so in die Tiefe zurückpoltert. Erschöpft stapfen sie mit gesenktem Kopf nach unten, um erneut, ohne eigentlichen Antrieb, sondern geradezu stumpfsinnig, den Felsblock wieder nach oben zu wälzen.

Andere wieder wissen, daß sie das Gelobte Land, den Gipfel, nie erreichen werden. Das läßt sie aber nicht verzagen. Sie sehen in ihrem Tun einen Sinn, eine Bedeutung, die über das hinausgeht, was das Erreichen des Zieles, das Ankommen auf dem Gipfel, ausmacht. Sie wissen um ihr Schicksal, fühlen sich ihm aber nicht einfach hilflos ausgesetzt. Sie gehen es an, stellen sich ihm und finden Weisen, innerhalb des „vorgegebenen Rahmens" kreativ damit umzugehen. Vor allem aber machen sie Erfahrungen, die sie inmitten der Routine und Eintönigkeit tiefer sehen und fühlen, sie im Entdecken und Wahrnehmen ihrer selbst Momente des Ergriffenseins und Wunderns erleben lassen. Losgelöst von dem vermeintlichen Schicksal erfahren sie sich ausgestattet mit der Fähigkeit, der Welt um sich und ihrem Tun, einen Zweck, einen Sinn zu geben. In diesen Augenblicken, in denen Sisyphos „den Gipfel verläßt und allmählich in die Höhlen der Götter entschwindet, ist er seinem Schicksal überlegen. Er ist stärker als sein Fels" (Camus 1963, 99).

Sisyphos ist in den Augen von Rollo May (1991, 145f.) eine kreative Person, die sogar versucht, den Tod auszulöschen. Er gibt niemals auf, sondern ist vielmehr beständig davon beseelt, ein besseres Leben zu schaffen. Er ist das Beispiel für einen mutigen Menschen, der angesichts der eigenen Verzweiflung nicht aufgibt.

Als Seelsorger, Priester, Ordensfrau, Ordensmann wird mir der alltägliche, beschwerliche Gang hinauf nicht erspart – in meinem persönlichen Leben und in meinem Dienst. Ich stemme mich gegen den Felsblock, bewege ihn, fühle mich dabei oft überfordert, alleingelassen, verzweifelt, am Ende. Zugleich bin ich aber auch in Berührung mit jener Kraft in mir, die mich nach vorne treibt, mich nicht aufgeben läßt, mich ermutigt und motiviert für meinen Einsatz. Es ist eine Kraft, die aus einer Überzeugung und einem Glauben erwächst, deren Quelle meine Fähigkeit ist, meinem Sein und Tun einen Sinn geben zu können, der in ein anscheinend sinnloses

Sein und Tun, ein Leben voller Eintönigkeit und Verzweiflung eine Schneise zu schlagen vermag. Es ist jene Schneise, die aus der Ewigkeit kommend in unsere Zeit, in unser Leben, in das Heute einbricht und dabei deren Eintönigkeit zu sprengen vermag. In der Erfahrung der Sisyphosarbeit komme ich in Berührung mit etwas, das mir vorenthalten würde, könnte ich am Ende meiner Mühen den Gipfel einfach erreichen, oder hätte ich die Gewißheit, oben angekommen, nicht wieder das Ganze von vorne beginnen zu müssen.

Ich werde immer wieder aufgehalten, immer wieder in einer gewissen Weise genötigt, von vorne zu beginnen, mir etwas einfallen zu lassen. Das aber fordert mich heraus, meine Fantasie, meinen Lebenswillen, meine Kreativität. Und wo es mir gelingt, damit die Monotonie – und sei es nur für Momente – zu überwinden, darf ich der Genugtuung teilhaftig werden, die sich einstellt, wenn ich tief in mir Zufriedenheit darüber spüre, daß es mir gelungen ist, im anscheinend Sinnlosen eine Sinn zu finden, wo Dunkelheit mich bisher umgab, Licht zu sehen, wo Tod mich umfing, Leben zu entdecken. Das vermag ich nicht, wenn ich versuche, der Hoffnungs- und Sinnlosigkeit, der Dunkelheit und dem Tod zu entgehen. Das vermag ich nur, wenn ich in die Dunkelheit gehe, die Sinnlosigkeit aushalte, dem Tod nicht ausweiche.

Bei Albert Camus (101) heißt es von Sisyphos: „Wir müssen uns Sisyphos als einen glücklichen Menschen vorstellen." Er ist glücklich, weil er, wie es Martin Buber einmal sagt, nicht länger „in den Funktionen seiner Körperhaftigkeit und Unfreiheit einherstapft", sondern im Bewußtsein seiner menschlichen Möglichkeiten inmitten von Nacht, Hoffnungslosigkeit und Tod, Momente von Licht, Hoffnung und Liebe erkennt und erfährt, er im Wundern, Staunen, Erschauen und Ergriffensein aus sich heraustritt und dabei das Rauschen der Ewigkeit vernimmt, die Melodie des Himmels für wenige Augenblicke sein Ohr erreicht.

Und wie Sisyphos die bezaubernden Töne von Orpheus' Flöte aus der Unterwelt hören konnte und sie sein Ohr entzückten, so vernehmen die Seelsorgerinnen und die Ordensleute, während sie ihren Felsblock noch oben stemmen, ihr Kreuz tragen, die Melodie von Gottes Harfenspiel, dessen Schwingungen ihre Saiten zum Vibrieren und Leben bringen, solange ihre Saiten an den Harfensaiten Gottes ausgerichtet, entsprechend gestimmt sind.

LITERATUR

Bernard Bush, Living in his Love, Whitinsville 1978

Albert Camus, Der Mythos des Sisyphos. Ein Versuch über das Absurde, Düsseldorf 1963

Eugen Drewermann, Kleriker. Psychogramm eines Ideals, Olten 1989

Sigmund Freud, Wege der psychoanalytischen Therapie, G.W. XIII, 1919

Sigmund Freud, Werkausgabe in 2 Bd., Frankfurt 1978

Martin Heidegger, Gelassenheit, Pfuhlingen 1985

Bert Hellinger, Zweierlei Glück. Die systematische Psychotherapie Bert Hellingers, hg. von Gunthard Weber, Heidelberg 1993

Johannes Hoffmann-Herreros, Thomas Merton. Ein Mystiker sucht Antworten für unsere Zeit, Mainz 1992

Homer, Odyssee, Wiesbaden o.J.

Alexander Lowen, The Spirituality of the Body, New York 1990

Alexander Lowen, Bioenergetik. Therapie der Seele durch Arbeit mit dem Körper, Hamburg 1993

Abraham Maslow, Motivation and Personality, New York 1970; dt.: Motivation und Persönlichkeit, Hamburg 1981

Rollo May, The Cry for Myth, New York 1991

Thomas Merton, Verheißungen der Stille, Luzern 1951

Wunibald Müller, Nähe heilt, in: Lebendige Seelsorge Nr. 3/4, Würzburg 1994a

Wunibald Müller, Die Ehre Gottes ist der lebendige Mensch, in: Werner Rück (Hg.), Gott finden, Würzburg 1994b, S. 37-50

Henri Nouwen, Ich hörte auf die Stille, Freiburg 1990

Carl Rogers, Der neue Mensch, Stuttgart 1981

Carl Rogers/Peter Schmid, Person-Zentriert. Grundlagen von Theorie und Praxis, Mainz 1991

Sean D. Sammon, Growing Pains in Ministry, Whitinsville 1983

Len Sperry, Determinants of a Minister's Well-Being, in: Human Development, Vol. 12, Nr. 2, Sommer 1991, 21-26

Henry David Thoreau, Walden oder das Leben in den Wäldern, Zürich 1979

Emil Wachter, Zentralkomitee und Katholikentage – ihre Selbstdarstellung, in: Zentralkomitee der deutschen Katholiken, Berichte und Dokumente Nr. 50, Bonn 1985

Wilhelm Willms, Der geerdete Himmel. Wiederbelegungsversuche. Meditationen – Bilder – Geschichten – Texte – neue Lieder, Kevelaer, [7]1986

Ein neues Modell der Geistlichen Begleitung

Hermann Andriessen
Sich von Gott berühren lassen
Geistliche Begleitung als pastorales Handeln heute
Aus dem Niederländischen
2. Aufl. 1996. 256 Seiten. Kartoniert

Gerade in unserer postmodernen und pluralistischen Zeit mit ihren vielen verwirrenden und irreführenden Sinnangeboten ist es wichtiger und dringender denn je, den eigenen Lebens- und Glaubensweg zu finden, ohne sich in der Vielfalt alter und neuer mythologischer Tröstungen zu verfangen.

Auf dieser Suche fragen immer mehr Christen nach geistlicher Begleitung. Herman Andriessen legt hier ein neues Modell der geistlichen Wegbegleitung vor, das sich dem Grundthema der Suche nach geistlichem Sinn im modernen Lebensalltag stellt. Aufgabe des Begleiters ist es dabei, den Raum zu schaffen für die geistliche Erfahrung. Gerade die christliche Tradition bietet hierfür mit Symbolen und Riten, Erzählungen und Bildern einen unverzichtbaren Rahmen und Hintergrund an. Im Rückgriff auf die moderne Psychologie des menschlichen Lebenslaufs, auf psychotherapeutische Erfahrungen und eine langjährige Kursleitung im Bereich Geistliche Begleitung führt der Autor praxisnah und mit vielen Beispielen in diese Kunst ein.

Matthias-Grünewald-Verlag